세 번째 버섯

THE THIRD MUSHROOM by Jennifer L. Holm
Copyright © 2018 by Jennifer L. Holm
All rights reserved.

This Korean edition was published by Dasan Publishers House in 2019 by arrangement with Jennifer L. Holm c/o Jill Grinberg Literary Management, LLC through KCC(Korea Copyright Center Inc.), Seoul.

이 책은 (주)한국저작권센터(KCC)를 통한 저작권자와의 독점계약으로 다산기획에서 출간되었습니다. 저작권법에 의해 한국 내에서 보호를 받는 저작물이므로 무단전재와 복제를 금합니다.

세 번째 버섯

제니퍼 홀름 지음
김경미 옮김

다산기획

프링크 씨에게

차례

1. 버섯 전쟁 ····· 10
2. 지루한 죄수 ····· 13
3. 할아버지 ····· 22
4. 끔찍한 치킨 너겟 ····· 31
5. 낙서하듯이 ····· 39
6. 종과 속 ····· 48
7. 쥐는 멋지쥐 ····· 56
8. 우리는 허셜이다 ····· 63
9. 셰익스피어 ····· 70
10. 우연히 발견한 곰팡이 ····· 76
11. 게임 ····· 86
12. 키시 파이 ····· 93
13. 초파리의 날개 ····· 102
14. 첫 번째 데이트 ····· 110
15. 버거와 몰티드 ····· 119
16. 응급 상황! ····· 127

17. 공포 영화 ····· 135
18. 현실 속 좀비 ····· 142
19. 나쁜 꿈 ····· 150
20. 무엇이든 하겠어요 ····· 156
21. 잔인한 시간 ····· 164
22. 모든 것 때문에 ····· 168
23. 우리의 가설 ····· 176
24. 허설 ····· 183
25. 흥미로운 결과 ····· 191
26. 혜성 ····· 200
27. 실험 ····· 209
28. 우연한 발견과 ····· 216

작가의 말 **우연한 발견과 약간의 마법**
멜리의 과학자 갤러리

사람은 때때로 자기가 찾지 않던 것을 발견하곤 한다.

-알렉산더 플레밍

버섯 전쟁

외동이라서 그런지 엄마 아빠는 내가 먹는 것에 강박증이 있다. 차려 놓은 음식을 다 먹게 한다. 자기들이 먹는 것을 강요하면서 치킨 텐더 같은 어린이 메뉴는 안 된다고 한다. 게다가 오징어나 닭 간을 꼭 먹이려 든다.

사실 나는 뭐든지 잘 먹는다. 샌프란시스코 근처 베이 에어리어에서 살면 다양한 음식을 맛보게 된다. 나는 인도 음식, 미얀마 음식, 멕시코 음식, 중국 음식, 페루 음식, 베트남 음식 등등을 먹으며 자랐다. 심지어 생선 살을 초밥 위에 얹은 스시라는 요리도 좋아한다.

엄마 아빠도 한 가지만 빼고 내가 음식을 가리지 않는다는 데

동의한다.

그건 바로 버섯이다.

버섯을 처음 먹은 건 유치원 때였다. 엄마 아빠는 이혼하고서도 계속 좋은 친구로 지내기 때문에 매주 가족 식사를 했다.

우리가 가장 좋아하는 이탈리아 식당에서 엄마는 파스타를 같이 먹자고 했다. 라비올리였다. 모든 종류의 파스타를 좋아하는 나로서는 기분이 좋을 수밖에.

일단 한 입 먹었다.

그런데 귀여운 라비올리 파스타 속에 부드러운 치즈 대신에 이상한 갈색 덩어리가 들어 있었다. 갈색 덩어리의 맛은 끔찍했다. 꼭 진흙 맛 같았다.

"이게 뭐야?"

엄마에게 물었다.

"버섯 라비올리야. 맘에 안 들어?"

난 고개를 끄덕였다. 정말이지 맘에 들 수가 없었다.

엄마 아빠는 약간 실망한 모습이었다.

내가 두 번째로 버섯을 먹은 건 중국 식당에서였다. 우리는 연극을 보느라 식사 시간을 놓쳐서 몹시 배가 고팠다. 엄마 아빠는 닭고기 버섯 요리를 주문하자고 했다.

새로운 걸 먹어 봐, 하면서.

하지만 이번 버섯은 식감이 끔찍했다. 고무 같고 미끈거렸다.

어떻게 하지? 왜 이렇게 고약해?

맨밥과 포춘 쿠키*로 끼니를 때우니 짜증이 났다. 버섯에게. 그리고 버섯을 다시 먹은 내게.

그때 그 자리에서 결심했다. 다시는 버섯을 먹지 않겠다고.

그리고 버섯 전쟁이 시작되었다.

엄마 아빠는 내가 버섯을 먹지 않으려고 버틴다고 생각했다. 두 사람은 모든 요리에 버섯을 넣기 시작했다. 볶음 요리와 라자냐, 샐러드에 버섯을 넣었다. 내가 알아차리지 못할 거라고 생각했던 것 같다.

하지만 나는 두 번 다시 같은 실수를 하지 않는 사람이다.

결국 엄마 아빠는 포기했고 나는 버섯 전쟁에서 이겼다. 두 사람은 양배추로 옮겨 갔는데 그건 그다지 나쁘지 않았다.

그 후 몇 년 동안 엄마 아빠는 이따금 버섯이 들어간 음식을 내놓았다. 그때마다 나는 버섯을 잘 골라내어 접시의 가장자리에 얌전히 포개어 놓았다.

그러니까 아무도 감히 내 식사 예절이 나쁘다고 말하지는 못할 거다.

---

* 운수를 적은 쪽지가 든 과자

지루한 죄수

 엄마와 나는 법정 드라마를 좋아한다. 엄마는 법정 드라마가 등장인물 연구에 아주 좋다고 한다. 변호사들이 서로 다투는 장면에서 "이의 있습니다!"라고 말하는 대목을 특히 좋아한다. 고등학교 연극 선생님답게 극적인 것이라면 뭐든 열광한다.
 나는 변호사들에게 흥미가 있지만 최근에는 죄수에 끌렸다. 죄수들이 어떤 심정인지 잘 알기 때문이다. 학교는 감옥과 같다. 음식은 형편없고 억지로 운동을 해야 한다. 그리고 지루한 일상이 날마다 반복된다. 특히 건물들이 죄수처럼 느끼게 만든다. 학교 건물은 아무런 색도 스타일도 없고 양말 고린내가 난다.
 다만 과학 교실만은 예외다. 여름에 실험실을 고쳐서 지금은 할리우드 버전의 최첨단 실험실 같아 보인다. 하지만 과학 담당인 햄 선생님은 할리우드 과학자와는 전혀 다른 모습이다. 젊은 햄 선생님은 실험복 대신에 요란하고 바보 같은 타이를 매는 걸 좋아한다. 햄 선생님이 학년을 따라 올라왔기 때문에 나는 햄 선생님에게 이 년째 배우고 있다.

"이번 봄에 우리 지역 과학전람회를 우리 학교에서 개최하기로 했어. 너희들 모두 참여하면 좋겠다. 추가 학점도 받을 수 있을 거야. 다른 학생과 짝을 이루어 팀으로 참가해도 좋아."

난 이미 점수가 좋았지만 할아버지 때문에 유혹이 생겼다. 할아버지는 과학자니까, 내가 참가하기를 바랄 것이다.

나는 일 년이 넘도록 할아버지를 보지 못했다. 할아버지는 전국을 버스로 여행하며 긴 휴가를 보내고 있다. 할아버지의 모든 것이 그립다. 검정 양말을 신은 구닥다리 스타일도. 항상 중국 식당에서 무구가이팬*을 시키고 간장 소스 통을 훔치는 모습도. 무엇보다도 할아버지와 이야기를 나누고 싶다. 할아버지는 잘난 척에 고집이 세고 박사 학위도 두 개여서 자기가 다른 누구보다 똑똑하다고 생각한다.

할아버지는 정말 그럴지도 모른다.

---

* 닭, 표고버섯, 야채, 양념을 함께 찐 중국 광둥요리

그날 마지막 수업 종이 울리자 모두가 감옥에서 풀려나는 죄수처럼 우르르 교실을 빠져나갔다.

나는 내 사물함 옆에서 기다리는 라즈를 발견했다. 라즈는 눈에 잘 띄는 편이다. 키가 크고 말라서 다른 아이들 위에 우뚝 서 있는 탑 같다. 하지만 그 애가 눈에 띄는 건 그것만이 아니다. 라즈는 온갖 이상한 것을 한다. 남자가 피어싱*을 하고 검은 옷만 입는다. 빛바랜 닥터 마틴 신발까지. 심지어 두꺼운 머리카락도 검은색이다. 음, 앞머리에 있는 길고 파란 브리지 염색만 빼면. 그 모습이 눈길을 끌고 라즈를 마법사처럼 보이게 만든다.

"안녕."

내가 인사했다.

"그니까, 결국 넌 안 하기로 했구나?"

라즈가 내 머리카락을 살피며 물었다.

머리를 하겠다는 건 내 생각이었다. 나는 뭔가 변화를 원했다. 눈에 띌 만한 무언가를. 조금 다르게 보이는 거. 밋밋해 보여서 머리카락을 염색할 생각이었다. 엄마는 내 생각에 대찬성이었다. 엄마는 항상 파격적인 색으로 머리를 염색해도 거북하지가 않았다.

하지만 난 불안했다. 그것이 큰 도박처럼 느껴졌다.

---

* 신체 부위에 구멍을 뚫어 장식물을 다는 행위

라즈는 머리카락에 무늬를 좀 넣어 보라고 했다. 자기도 그렇게 할 거라고. 친구니까.

우리는 끊임없이 색에 대해 이야기했다. 라즈는 빨간색을 마음에 들어 했다. 나는 분홍색이 좋았다. 둘 다 녹색은 반대했다(요정에게나 어울리는 색이니까). 그러다 마침내 파란색으로 정했다.

하지만 지난 주말에 머리를 하려고 미용실에 들어서자, 덜컥 겁이 났다. 잘못되기라도 하면 어쩌지? 파란 무늬가 끔찍해 보인다면? 파란 스컹크처럼 보이면 어쩌지?

결국 나는 늘 하던 대로 똑같이 자르고(2센티미터 정도) 머리 염색을 하지 않았다.

"할 수가 없었어."

나는 솔직히 인정했다.

"괜찮아."

"화난 거 아니지?"

"물론이지."

나는 즉시 기분이 좋아졌다. 라즈는 거짓말을 하지 않는다. 내 가장 친한 친구니까. 나는 라즈의 사물함 비밀번호를 알고 그 애도 내 사물함 비밀번호를 안다.

우리가 처음부터 가장 친한 친구였던 건 아니다. 하지만 작년 한 해를 보내면서 친해졌다. 엄마는 친한 친구를 만드는 것은 외국어를 배우는 것과 비슷하다고 한다. 딱 맞는 말을 찾으려고 더

듣거리다 보면 어느 날 갑자기 딱 맞아떨어져서 모든 것을 이해하는 것처럼.

라즈가 말했다.

"다음 주에 체스 모임이 있는데 너도 같이 갈래? 우리 학교에서 해."

"물론이지!"

나는 체스를 한 번도 둔 적이 없었다.

라즈가 웃으며 말했다.

"좋아. 그럼 등록할게. 체스 동아리에. 나중에 봐."

"응. 잘 가."

나는 라즈가 사람들 속으로 사라지는 것을 지켜보았다.

때때로 형제자매가 있다면 내 삶이 다를까 궁금하다. 지금 엄마 아빠는 약간 과잉보호하는 거 같다. 아이가 여럿인 집의 부모는 다소 느긋한 편이다. 내 오랜 친구 브리애나는 넷째인데 막내다. 그래서 열 살 때부터 혼자 집에 있었다. 나는? 작년까지도 베이비시터가 있었다.

올해에야 엄마는 베이비시터에 대해 양보했다.

"그 대신, 학교에서 집에 오자마자 문자해."

그렇게 하겠다고 엄마에게 약속했다.

나는 학교가 끝나고 빈집에 오는 것이 불안하지 않다. 조너스가 날 기다리고 있으니까.

조너스는 고양이다.

내가 개를 원하긴 했지만 조너스는 완벽한 고양이였다. 배변 훈련도 되어 있었고 가구를 발톱으로 긁어 대지도 않았다. 우리는 나인라이브즈라는 지역 동물 보호소에서 조너스를 입양했다. 그곳은 사랑스러운 아기 고양이들로 가득했지만 나는 구석에 있는 조용하고 나이 든 회색 고양이에게서 눈을 뗄 수 없었다. 그 고양이에게는 무언가가 있었다. 보호소의 아주머니는 그 고양이가 한참 동안 그곳에 머물렀다고 말했다. 주인이 이사 가면서 버린 것 같았다. 화가 나는 일이지만 그건 사실이었다. 사람들은 가끔 동물들을 낡은 소파처럼 두고 떠난다. 우리는 그날 그 애를 집에 데려왔다.

집 앞 진입로로 걸어 들어가니 조너스가 현관 앞에 있었다. 조너스는 내 다리 주위를 빙빙 돌았다.

"내가 가장 좋아하는 베이비시터님은 오늘 어떻게 지내셨나?"

나는 이렇게 우리만의 작은 말장난을 했다.

엄마에게 집에 왔다고 문자를 보내고 앞문을 열었다.

집은 조용했다. 나는 신발을 벗어 던지고 현관 옆 그릇에 열쇠를 넣었다. 그 그릇은 이미 본 영화표, 반쯤 으깨진 립스틱, 짝을 잃은 귀걸이 한 짝 등으로 가득 차 있었다. 엄마가 벤 아저씨와 결혼한 후로 남자 물건도 그 그릇에 들어갔다. 커프 링크스*랑

드라이클리닝 표, 윈터그린 민트** 등.

나는 부엌으로 걸어갔다. 따뜻하게 데운 치즈 부리토 냄새가 났다. 이상한 일이었다. 엄마는 부리토를 먹지 않는다. 게다가 엄마는 오늘 방과 후에 새 연극 리허설이 있다.

"엄마?"

대답이 없었다.

나는 조리대로 가다가 전자레인지 옆에 빈 부리토 상자가 있는 걸 보았다. 그 옆에는 아몬드 우유 팩도 있었다.

나는 조리대에 우유 팩을 놓아두지 않는다. 퍼뜩 떠오른 생각.

누군가 있다!

그 누군가가 우유를 마시고 부리토를 데워서 먹었다.

잠깐 동안 귀여운 골디락스와 곰 세 마리 이야기가 생각났다. 그때 조그만 데크로 이어지는 뒷문이 눈에 들어왔다. 손잡이 주변의 유리가 깨져 있고, 깨진 유리가 바닥에 흩어져 있었다. 그제야 나는 이 상황이 귀여운 금발 머리 여자아이가 우리 집에 들어와 죽을 먹고 잠이 드는 이야기가 아니라는 것을 깨달았다. 유리문을 부순 사람이 있다.

진짜 침입자가.

* 셔츠나 블라우스 소매에 쓰이는 장식 단추
** 입 냄새 제거 사탕

나는 휴대 전화를 꺼내서 정신없이 번호를 눌렀다.

"911입니다. 응급 상황인가요?"

쾌활한 목소리가 물었다.

나는 급하게 속삭였다.

"누군가가 우리 집에 들어와 있어요."

"집에 혼자 있니?"

차분해진 목소리가 물었다.

"네! 아니, 아니요!"

난 설명하려고 애를 썼다.

"침입자가 아직 여기 있으니까요! 그 사람이 부리토를 먹었어요!"

"출입구 근처니?"

나는 잠깐 이 문제를 생각해 보았다. 누군가 아직 집에 있다면 부서진 뒷문으로 나가고 싶지는 않았다.

"어, 네! 현관문 근처에 있어요!"

"밖으로 나가면서 계속 전화기를 들고 있어."

"알겠어요, 오버!"

나는 엉겁결에 경찰이 쓰는 말투를 썼다. 아무래도 내가 텔레비전을 너무 많이 보는 모양이다.

나는 복도를 살금살금 걸어갔다. 앞문에 거의 다 왔나 싶었는데 깜짝 놀라게 하는 소리가 들렸다. 나는 그 자리에 얼어붙고 말았다. 변기 물을 내리는 소리였기 때문이다.

  침입자가 우리 욕실을 쓰고 있나?

  그때 세면대에 물이 튀는 소리가 들렸다. 적어도 그 범죄자는 위생 관념이 확실한 사람인가 보다. 나는 병적으로 흥분한 상태였다. 문을 빠져나가야 했지만 발이 그 자리에 얼어붙어 버렸다.

  욕실 문이 확 열렸다. 나는 헉하고 숨을 멈췄다.

  긴 갈색 머리를 뒤로 묶은 한 사내아이가 걸어 나왔다. 짜증 난 얼굴이었다. 카키색 바지에 단추 달린 셔츠를 입고 간편화를 신고 있었다…. 검은 양말에.

  "뚫는 도구가 필요해. 변기가 막혔어."

  응급 요원의 다급한 목소리가 들렸다.

  "아직 전화기 들고 있지?"

  나는 천천히 숨을 내쉰 뒤 전화기에 대고 말했다.

  "괜찮아요. 우리 할아버지였어요."

할아버지

나는 응급 요원에게 침입자가 진짜 우리 할아버지라는 것을 납득시켜야 했다.

"확실하지?"

"네, 내내 화장실에 계셨대요."

그녀가 웃었다.

"우리 아빠도 그러시는데. 나이 들면 그런가 봐."

나는 전화를 끊고 복도를 가로질러 달려갔다.

"할아버지!"

나는 할아버지를 꼭 껴안았다.

할아버지는 잠시 참고 있더니 심각한 표정을 지었다.

"현관문 열쇠가 더 이상 안 맞는 거 알고 있었어? 고양이가 드나드는 문으로 들어오려고 해 봤는데 안 되더군. 그러니 유리를 깨고 들어올 수밖에."

"엄마가 좋아하지는 않을 거 같아요."

"내 잘못이 아니야."

할아버지가 주장했다.

"누가 자물쇠를 바꿨지?"

"벤 아저씨가 그랬어요. 안전을 무척 중요시하니까요."

할아버지가 코웃음 치며 말했다.

"안전을 중요시해서 내가 이렇게 쉽게 들어온 거냐?"

할아버지는 실제 일흔일곱이지만 표정이며 말투가 꼭 반항적인 청소년 같다. 믿을 수 없겠지만 할아버지는 노화를 역행하는 법을 찾아내서 어려진 상태였다.

할아버지가 물었다.

"베이비시터는 어디 있지?"

"엄마는 혼자서 집에 있어도 될 만큼 컸다고 했어요."

"흠."

할아버지는 엄마에게 전혀 동의하지 않는다는 듯이 얼굴을 찌푸렸다. 하긴 할아버지가 엄마의 의견에 동의하는 것을 한 번도 본 적이 없다. 할아버지는 완고한 과학자이고 엄마는 연극에 빠져 있으니까. 말하자면 물과 기름의 관계라고나 할까.

"할아버지가 여기 있다는 게 믿어지지 않아요!"

"그래. 빨랫감이 좀 있었어."

"빨랫감이라고요?"

"지난 일 년 동안 여행 가방 하나로 살았거든. 그래서 더러운 빨랫감이 많아."

할아버지를 지나쳐 세탁실을 보았다. 할아버지의 말은 농담이 아니었다. 세탁기 위에 더러운 빨랫감이 산처럼 쌓여 있었다.

"그리고 너도 보고 싶었어."

할아버지가 굵고 탁한 목소리로 말했다.

그때 현관문을 크게 두드리는 소리가 났다. 문을 열자 한 경찰관이 서 있었다. 경찰관은 키가 크고 심각한 표정이었다.

"네가 911에 전화했니?"

"네, 맞아요. 하지만 다 해결되었는데요."

할아버지가 문으로 다가왔다.

"누구야?"

"경찰이에요. 할아버지가 집에 있는 줄 모르고 911에 전화했거든요."

내가 속삭였다.

"넌 누구지?"

경찰이 할아버지의 긴 머리를 뚫어져라 쳐다보며 물었다.

"저 애 사촌인데요."

이 말은 작년에 할아버지가 처음으로 어려진 후 여기에 살게 되었을 때 입을 맞춰 놓은 이야기였다.

나는 재빨리 말을 지어냈다.

"할아버지가 여기에 데려다 놓고 가셨는데 열쇠를 잃어버렸대요."

경찰관이 말했다.

"알겠다. 음. 다음에는 열쇠 잊지 마. 알겠지?"

내가 대신 대답했다.

"그럴 거예요!"

경찰차가 떠나는 모습을 지켜보는데 심장이 엄청 빨리 뛰었다. 하지만 할아버지는 아무렇지도 않은 것 같았다.

"냉동 부리토 더 없어?"

할아버지가 물었다.

할아버지는 부리토를 하나 더 먹으며 부엌 조리대에 서 있었다.

"그런데 내 앞으로 온 소포 없었어?"

"한참 전에 하나 왔어요. 필리핀에서 보낸 거던데요."

그 소포는 냉각제와 같이 도착했고 꼭 냉동 보관하라고 적혀 있었다.

할아버지 얼굴이 잿빛으로 변했다.

"그걸 어떻게 했지?"
"창고에 두었어요. 냉동고 깊숙이."
"잘했어. 근데 내 블로그는 봤니?"
"할아버지 블로그가 있어요? 이름이 뭔데요?"
"www.두 개의 박사 학위를 지닌 멜빈 사가스키.com."
정말이지 딱 맞는 블로그 이름이었다.
바로 그때 차고 문이 열리는 끽끽 소리가 들렸다. 잠시 후 우리가 가장 좋아하는 중국 음식 봉지를 들고 엄마가 들어왔다. 머리를 하얗게 탈색하고 즐겨 입는 유쾌한 격자무늬 치마에 검정 롱부츠를 신고 티셔츠 차림이었다. 티셔츠에는 이렇게 쓰여 있었다.

햄릿: 죽은 사람이 보인다

"엘리! 세탁기 위에 냄새나는 빨랫감을 저렇게 높이 쌓아 두고 뭐 해? 도대체…."
엄마는 말을 하다 멈추었다.
"그거 내 거야."
할아버지가 말했다.
엄마의 입이 쩍 벌어졌다.
"아빠! 돌아오셨군요."

"뛰어난 관찰력이로군."

엄마는 멍한 채로 고개를 저었다.

"아빠도 아시다시피 이 멋진 발명품이 있잖아요. 휴대 전화라고 부르는. 제가 하나 드렸던 걸로 아는데요."

"너희 같은 사람들은 그런 것에 머리를 푹 파묻고 살아가지. 나는 귀찮아서 싫어. 게다가 액정이 깨졌어."

그래도 엄마는 할아버지를 보고 좀 기쁜 듯이 가서 안았다.

"아빠, 키가 더 커진 것 같아요."

엄마는 할아버지 머리카락을 흐트러뜨리며 말했다.

"그러는 네 치마는 갈수록 짧아지는구나! 무릎이 다 보이잖아!"

엄마는 얼굴을 찡그리며 말했다.

"또 그러신다. 알고 보니 하나도 안 컸네요."

우리는 부엌 식탁에 둘러앉았다. 할아버지는 엄마가 사 가지고 온 상자들을 뒤적거렸다. 할아버지가 거기에 앉아 있는 걸 보니 맘이 편했다.

"무구가이팬이 없잖아?"

할아버지가 투덜거렸다.

"아빠가 돌아오실 줄은 몰랐으니까요."

할아버지는 자기 접시에 로 메인*을 듬뿍 담더니 국수를 뒤적이기 시작했다.

"고기는 어디 있어?"

"벤은 채식주의자예요. 그래서 모두 채식을 해요."

우리는 요즘 두부를 많이 먹는다. 나는 두부를 아주 좋아하지는 않는다. 너무 심심해서.

할아버지가 투덜거렸다.

"차라리 곤충을 먹지 그래. 맛이 더 좋을 텐데. 네 새 남편은 어디 있냐?"

"벤은 인도에 갔어요. 며칠 동안요."

벤 아저씨는 비디오 게임 디자이너다. 지금은 인도에서 프로그래머들과 스튜디오에서 중요한 게임을 구상하고 있다. 벤 아저씨에게는 큰 기회지만 엄마는 몹시 그리워한다. 나도 벤 아저씨가 보고 싶다. 벤 아저씨가 있으면 다 같이 둘러앉아 식사를 하고 이야기를 나눈다. 아저씨가 멀리 떠나 있으니 엄마와 나는 텔레비전 앞에서 사 온 음식만 주로 먹는 여자들로 돌아가 버렸다.

조너스가 식탁으로 조용히 다가오더니 의자에 폴짝 뛰어올랐다. 거기가 딱 맞는 자리라는 듯이. 그리고 크게 야옹 소리를 냈다.

나는 고양이 앞에 두부 한 조각을 놓았다.

* 중국식 볶음 요리

"저 짐승은 어디에서 난 거야?"

할아버지가 물었다.

"이름은 조너스예요. 조너스 소크 이름을 따서요."

나는 할아버지가 감명을 받으리라는 걸 알고 말했다. 조너스 소크는 내가 가장 좋아하는 과학자이다. 소아마비 백신을 개발했다.

"난 애완동물을 그닥 믿지 않아. 특히 저녁 식사 자리에서는."

할아버지 말에 엄마가 농담기가 전혀 없이 말했다.

"굳이 말 안 해도 알아요. 어린 시절 내내 개를 갖고 싶다고 애원했는데. 그건 그렇고, 이번에는 얼마간 계실 거예요?"

"몇 달. 어쩌면 좀 더 있을지도. 분명하진 않아."

나는 포춘 쿠키를 건넸다. 할아버지가 과자를 먹으며 운수가 적힌 종이를 탁자에 던져 놓았다.

"어떻게 운수를 알 수가 있죠? 마법 같아요."

내 말에 할아버지가 대꾸했다.

"마법 같은 건 없어."

"전형적인 과학자시지. 냉담하고 분석적이고. 상상력이라고는 눈곱만큼도 없고."

엄마가 날 쳐다보며 덧붙였다.

"내가 어떻게 자랐는지 알겠지?"

나는 분명히 과학을 믿는다. 할아버지처럼. 하지만 내 안에는 마법에 대한 작은 기대가 있다.

고양이 때문에.

고양이를 창조하려면 분명 마법적인 면이 있어야 한다. 복스러운 꼬리, 빵 덩어리처럼 몸을 돌돌 마는 기술. 햇빛 속에서 잠자는 모습. 무엇보다 가르랑 소리.

"뭐라고 적혀 있어요?"

내가 할아버지에게 물었다.

"흥. 난 그런 건 안 읽어. 말도 안 되는 소리."

엄마가 종이를 집어 들고 읽었다. 엄마 눈썹이 올라갔다.

"뭐래?"

할아버지가 물었다.

"'자기 빨래는 자기가 해야 한다.'라고 적혀 있는데요."

끔찍한 치킨 너겟

 다음 날 아침 학교 갈 준비를 다 하고 문을 나서려는데 할아버지가 보이지 않았다. 할아버지가 학교에 가지 않는 건 있을 수 없는 일이다. 엄마는 선생님이고 집에 게으름뱅이를 두지는 않을 테니까. 엄마는 학교에 편지를 써서 보냈다. '엘리 사촌 멜빈'이 돌아와서 다시 학교에 다닌다는 내용이었다.

 마침내 차고에 있는 커다란 냉동고 깊숙한 곳을 뒤지는 할아버지를 발견했다.

 "부리토 만들 시간 없어요."

 할아버지가 맞받아쳤다.

 "부리토를 찾는 게 아니야. 내 표본을 찾는 거지."

할아버지는 언 콩을 뒤적였다.

"아, 여기 있구나!"

할아버지가 소리치더니 상자를 끄집어내었다. 그리고 포장지의 쪽지를 읽었다.

"흠, 빌리는 이게 해파리의 일종이라고 생각하는구나."

우리 할아버지를 젊게 만든 건 바로 희귀한 해파리에서 추출해 만든 신약이었다.

"버스 놓치겠어요."

"알겠어."

할아버지는 상자를 다시 냉동고에 넣었다.

학교 가는 버스에 앉자, 할아버지는 창밖을 내다보았다.

"네 엄마가 틀린 거야. 알지?"

할아버지가 불쑥 말했다.

"뭐가 틀려요?"

엄마가 많은 부분에서 틀리다는 건 알고 있다. 특히 밤에 내가 텔레비전 화면에서 눈을 떼게 하는 시간이라든지. 9시면 너무 이르다.

"어제 저녁 식사 때 한 말 말이야. 과학자는 냉담하고 분석적이라는 거."

할아버지가 분명하게 말했다.

"영화에 나오는 과학자들은 늘 그렇잖아요."

"그건 말도 안 되는 고정 관념이야. 과학자는 로봇이 아니야! 우리는 인간이라고. 우리가 얼마나 깊이 느끼는데!"

할아버지는 고개를 저으며 덧붙였다.

"단지 아무도 우리를 이해하지 못하는 것뿐이야."

나는 할아버지가 무얼 말하는지 정확히 안다. 어른들이 십 대를 이해하지 못하는 것과 같다.

학교에 도착하자 나는 할아버지가 등록할 수 있도록 사무실에 같이 가 주었다. 그리고 첫 수업을 들으러 가다가 브리애나와 마주쳤다. 브리애나는 어릴 때부터 가장 친한 친구였는데, 고학년이 되면서 떨어져 다녔다. 하지만 지금은 그것도 나쁘지 않다. 가족 재상봉에서 서로를 만나는 친척같이 우리는 그저 좋은 때를 기억할 뿐이다.

브리애나가 말했다.

"너, 머리 잘랐구나! 맘에 들어!"

"고마워."

브리애나는 항상 그런 걸 잘한다. 알아차리는 거.

브리애나가 내 머리카락을 찬찬히 살펴보았다.

"있지, 너에게 잘 어울릴 만한 귀여운 머리핀이 나한테 있어."

어렸을 때 우리는 둘 다 머리가 길었다. 그래서 리본과 헤어 액세서리를 나누어 가졌고 머리카락을 매만지며 몇 시간이고 함께 보냈다.

"정말?"

브리애나가 활짝 웃으며 대답했다.

"내일 가져올게."

종소리가 울리자 우리는 서로에게서 멀어졌다. 땋은 머리에서 두 가닥이 풀려나가듯.

유치원 첫날부터 절대 변하지 않는 게 하나 있다. 점심시간은 하루 중 최고 아니면 최악이라는 거. 올해는 나쁘지 않다. 라즈 덕분에.

급식실 맞은편 우리가 늘 앉는 식탁에 라즈가 내 자리까지 맡아 둔 게 보였다. 내가 앉자 라즈는 바비큐 칩이 든 봉지를 내밀었다. 우리는 점심때마다 항상 봉지에서 먹을거리를 꺼내 나누어 먹는다. 그건 우리의 공유물이다.

"있지, 할아버지가 돌아왔어!"

라즈는 놀란 얼굴이었다.

"멜빈 할아버지가 돌아왔다고?"

엄마를 제외하고 할아버지의 비밀을 아는 사람은 라즈가 유일하다. 그것이 우리가 가장 친한 친구가 된 또 다른 이유일 것이다. 어느 누가 나를 그렇게 이해할 수 있단 말인가? 지진이 지나가는 동안 같이 있었던 사람들과 비슷하다. 땅이 흔들릴 때 무슨 일이 일어났는지 우리만 안다.

"그래. 어제. 열쇠가 안 맞으니까 집을 부수고 들어왔지 뭐야. 난 범죄자인 줄 알았어! 경찰이 오고 별일이 다 일어났지."

"끝내주네."

라즈가 내 어깨 너머를 보면서 덧붙였다.

"아, 이봐, 그 범죄자가 이리로 오고 있어."

고개를 돌려 보니 할아버지가 쟁반을 들고 짜증스럽게 쿵쿵거리며 우리 쪽으로 다가왔다.

라즈가 인사했다.

"안녕하세요, 멜빈 할아버지."

"라즈. 코걸이 하는 건 비위생적이야. 요즘 세균 이론을 새로이 연구하고 싶은가 보지?"

할아버지는 앉아서 쟁반을 바라보았다. 치킨 너겟이 있었다.

"끔찍한 일이야!"

할아버지가 말했다.

"나도 그런 치킨 너겟은 안 먹을 거예요. 꼭 스티로폼 같은 맛이 나."

라즈가 동의했다.

"치킨 너겟 말고. 내가 미끄러졌다고!"

나는 어리둥절했다.

"미끄러지다뇨?"

"아래 학년에서 밀려났다고! 난 작년에 여기 있을 때 8학년으

4. 끔찍한 치킨 너겟 35

로 등록했어. 그런데 사람들이 인정해 주지 않는 거야. 박사 학위도 두 개나 있는데 지금 세 번째로 8학년을 다녀야 하는 거야? 그 끔찍한 『호밀밭의 파수꾼』을 또 읽어야 될 판이라고!"

"그러면 쉽게 A를 받겠네요."

라즈 말에 할아버지가 째려보았다.

"그런데 왜 돌아왔어요?"

이것이 내가 라즈를 좋아하는 이유다. 멋지게 솔직하다. 십 대는 누구나 말할 때 뭔가 숨긴 듯이 말한다. 하지만 라즈에게는 캐물을 필요가 없다.

할아버지는 조금 의기소침해졌다.

"여행하는 데 질렸어. 버스라면 신물이 나. 여기 화장실이 끔찍하다고 생각하지? 움직이는 버스에서 볼일을 한번 봐 봐."

"그러겠네요."

"그리고 점점 지루해졌어. 난 평생을 목적을 가지고 살았어. 일과 과학. 그런데 지금은 아무것도 없어. 내가 뭘 해야 하는지 모르겠어."

"그러니까 부적을 잃어버렸다는 거군요. 그렇죠?"

"말하자면 그렇지. 내 실험실이 그리워."

나는 할아버지가 하얀 실험복을 입고 스테인리스 탁자에 서서 손에 비커를 든 모습을 상상해 보았다. 갑자기 좋은 생각이 떠올랐다.

"좋은 생각이 났어요! 제 파트너가 돼 주세요."

"뭐에?"

"과학전람회요. 우리 둘이 팀이 되어서 같이 프로젝트를 수행하면 돼요."

"십 대들이 참여하는 과학전람회?"

할아버지가 얼굴을 찌푸렸다.

"내가 그 정도는 넘어선 것 같은데. 안 그래?"

"하지만 나랑 같이 프로젝트를 하면 실험실에 들어갈 수 있어요. 최신 실험실이에요."

할아버지는 구미가 당기는 듯했다.

"최신 실험실이라고?"

"네, 이번 여름에 다시 꾸몄거든요. 햄 선생님이 최신 실험실을 이용하게 해 주실 거예요. 선생님은 진짜로 아이들이 과학전람회에 참여하기를 원하니까요. 어떻게 생각하세요?"

"글쎄."

할아버지는 확신이 서지 않는 얼굴이었다. 나는 오늘 아침과 냉동고 일을 떠올려 보았다.

"어쩌면 냉동고에 있는 해파리로 실험을 할 수도 있어요."

내가 흥분해서 덧붙였다.

"재미있을 거예요. 게다가 할아버지는 저랑 같이 과학을 하게 되잖아요!"

할아버지가 어깨를 으쓱했다.

"좋아. 더 이상 잘못될 일이 뭐가 있겠어?"

그런 다음 치킨 너겟을 한 입 베어 물더니 얼굴을 찌푸렸다.

"윽! 맛없어."

"제가 뭐랬어요."

라즈가 말했다.

낙서하듯이

햄 선생님의 과학 실험실은 학교에서 내가 가장 좋아하는 곳이다. 아이들이 함부로 할 수 없는 물건들이 많기 때문이다. 비커와 실험 튜브가 들어 있는 캐비닛. 수도꼭지와 가스관이 있는 커다란 독립형 실험 탁자. 기울일 수도 있는 흔들리는 높은 의자까지.

무엇보다 냄새가 좋다. 연필과 지우개와 지루함이 있는 보통의 학교 냄새가 아니다. 화학 물질과 고무와 발견의 냄새 같다.

햄 선생님이 웃으며 말했다.

"엘리, 엄마는 어떻게 지내시니?"

물론 선생님은 엄마를 안다. 같은 선생님이니까.

"잘 지내세요."

"이번에는 무슨 연극을 하시지?"

"〈템피스트〉요."

"나도 셰익스피어 좋아하는데!"

선생님이 열정적으로 말했다.

솔직히 말해 셰익스피어는 날 졸리게 만든다. 그것은 셰익스피어 잘못이 아니다. 부모님은 내가 어릴 때 잠자리에서 셰익스피어 희곡을 읽어 주곤 했다. 그러니 셰익스피어 하면 졸리게 되어 있다.

"연극표 몇 장은 확실히 살게."

햄 선생님이 그렇게 약속한 뒤 물었다.

"자, 뭘 도와줄까?"

"과학전람회에 참여할래요. 사촌 오빠 멜빈하고 함께요."

"좋아! 너와 사촌 오빠? 꼭 허셜 남매 같구나."

선생님이 생각에 잠겨 말했다.

"허셜이라고요?"

"남매 과학자였지. 천문학자였어. 우러러볼 만한 분들이야."

난 고개를 끄덕였다.

"프로젝트를 하면서 실험실을 써도 되나요? 방과 후에요."

선생님은 곰곰이 생각하는 얼굴이었다.

"음, 네 엄마가 선생님이니까, 네가 올바른 판단을 할 거라고 믿어도 되겠지?"

"물론이죠. 엄마는 제가 말썽을 피우면 평생 가둬 두실걸요."

선생님이 웃었다.

"좋아. 내가 옆 교실에서 채점하고 있을 때 실험실을 써. 끝나면 깨끗이 정리하는 거 잊지 말고."

난 그렇게 하겠다고 약속했다.

할아버지는 동물원에서 풀려난 동물이 고향으로 돌아온 것처럼 기뻐했다. 실험실 덕분에 말이다. 할아버지는 손가락으로 탁자를 훑고 다니고 캐비닛을 샅샅이 훑어보고 장비를 점검하면서 여기저기 기웃거렸다.

"여기 아주 멋진데."

"그런데 우리 프로젝트를 뭐로 할까요?"

"나도 잘 모르겠다."

할아버지는 실험실 탁자에 아이스박스를 올려놓으며 대답했다. 해파리를 아이스박스에 담아서 학교에 가져왔다.

"그건 표본에 달려 있지."

할아버지는 잽싸게 장갑을 끼고 봉해 놓은 비닐봉지를 열었다. 봉지에서는 끔찍한 냄새가 풍겨 나왔다. 사물함에 남아 있는 땀에 젖은 체육복 냄새였다.

"아주 이상하게 생긴 해파리네."

"어떻게 생겼는데요?"

접시 한가운데에 녹아 있는 분홍색 덩어리에는 촉수가 여러 층 나 있었다.

할아버지가 그것을 가리키며 말했다.

"다리가 있어. 보통 해파리에는 다리가 없는데 말이야."

할아버지는 핀셋으로 촉수를 조심스레 들어 올렸다. 촉수가 떨어졌다.

"아, 알겠다. 이건 해파리가 아니야."

"아니라고요?"

"이 생물은 해파리에게 붙잡혔어. 촉수가 해파리에게서 떨어지잖아."

"그러니까 해파리가 그걸 죽였다는 거예요?"

"별로 좋은 방법은 아니었던 것 같구나."

할아버지가 내게 핀셋을 건넸다.

"이걸로 어떻게 해야 하는 거죠?"

"촉수를 제거해 봐. 이건 팀 프로젝트이니까. 내가 다 할 수는 없잖아."

나는 촉수를 뜯어냈다. 고약한 일이지만 이상하게 만족스러웠다. 드러난 생물은 물고기와 도롱뇽을 합쳐 놓은 것 같았다. 다리와 긴 꼬리가 있었다.

"그게 뭐죠?"

할아버지가 잠시 살펴보았다.

"아홀로틀* 같아. 아가미를 봐."

"그러면 물고기예요?"

할아버지가 고개를 저었다.

"학술적으로는 도롱뇽이 맞지만 수중에서 살지. 아홀로틀에게는 아주 신기한 능력이 있어. 떨어져 나간 몸의 일부가 다시 자란단다."

"그거 참 편하네요."

"그렇지. 하지만 뭔가 좀 이상해."

"뭐가요?"

"다리가 여섯 개야. 아홀로틀은 분명히 다리가 네 개인데 말이야. 하지만 몇 년 동안 하나도 보지 못했어. 아무튼 기록해 놓자. 그래야 도서관에 가서 연구를 하지."

할아버지는 배낭에서 두꺼운 스케치북과 연필을 꺼내서 그 덩어리를 스케치하기 시작했다.

"왜 사진을 찍지 않아요? 내 휴대 전화를 쓰면 되는데요."

"예전에 우리에게는 카메라 폰이 없었어. 그래서 그리면서 배웠지."

"전 그림을 잘 못 그려요."

---

* 멕시코산 도롱뇽의 일종

"그건 문제가 되지 않아. 그냥 낙서하듯이 그리면 돼. 그리다 보면 세세한 것까지 알아차리게 될 거야. 그러면서 곰곰이 생각하게 되지."

그래서 나는 할아버지가 말한 대로 했다. 덩어리를 아무렇게나 그렸다. 약간 재미있었다. 난 할아버지 그림을 보고 깜짝 놀랐다. 선이 하나같이 정밀했다. 아주 멋졌다.

"와, 정말 잘 그리네요!"

"그게 놀랍니?"

"할아버지는 과학자잖아요."

할아버지가 얼굴을 찌푸리며 말했다.

"왜 그렇게 생각을 하지? 과학자들은 아주 예술적이야. 판 레이우엔훅의 그림을 봐야 하는데."

"판 누구요?"

"안톤 판 레이우엔훅. 최초로 실용적인 현미경을 만든 사람이지. 자기가 본 것을 그대로 그렸어. 박테리아, 원생동물, 혈액 세포. 그의 벼룩 그림은 아름다워."

벼룩이 아름답다고? 조너스가 동의할 것 같지는 않다. 벼룩 약을 정말로 싫어하니까.

"대학교 때 끊임없이 그런 그림들을 연구하곤 했어. 그림들이 아주 세밀했지."

할아버지는 경이로움에 가득 찬 목소리로 말했다.

"어떤 것을 천 번쯤 보면 어느 날 새로운 걸 알게 된단다."
"헉."
할아버지가 공책을 덮었다.
"자, 뭐 좀 먹으러 가자. 배고파 죽겠다!"
나는 쟁반 위에 있는 냄새 나는 견본을 가리켰다. 메스꺼웠다.
"이런 걸 보고도 먹고 싶은 마음이 들어요?"
"이건 아무것도 아니야. 고등학교에서 돼지 태아 해부를 해 봐야 하는데."
윽! 벤 아저씨가 채식주의자가 된 이유가 있었다.

집에 돌아와서 할머니의 요리법 상자를 꺼냈다. 나는 요리를 좋아해서 할머니의 요리법을 하나씩 시험해 본다. 내가 한 번도 시도해 보지 못한 캐서롤과 디저트 요리법이 많았다. 나는 바바리안 크림 케이크와 국수 푸딩과 메뚜기 파이 같은 건 시도해 본 적이 없었다. 하지만 할머니의 요리법 대부분은 단순하다. 집에 재료가 다 있기 때문에 오늘은 할머니의 최고급 바나나빵을 만들기로 결심했다.
빵이 구워질 때까지 부엌 식탁에서 인터넷 검색을 하며 빈둥거렸다. 조너스가 코를 씰룩거리며 창가에 앉아 뭔가를 기다렸다. 나중에야 그 이유를 알았다. 오렌지색의 살찐 얼룩고양이 수컷이 창밖에서 야옹거렸다. 그 애는 조너스의 가장 친한 친구로,

이웃집에 사는 고양이다. 우리 이웃은 이상한 시간대에 살고 있어서 직접 만나 본 적이 없다.

조너스가 깡충 뛰어내려 고양이문으로 놀러 나갔다.

친구 얘기가 나와서 말인데 나는 할아버지 블로그가 궁금해졌다. 과학에 대한 블로그일 거라고 예상했는데 아니었다. 주로 꽃 사진이 있었다. 수국, 백합, 데이지와 야생 장미들. 몇몇 경우에 할아버지가 메모를 남기기도 했다. 사진 옆에 일기처럼. '레몬 냄새가 난다.'라거나 '달팽이가 그립다.' 등. 그런 다음 수수께끼 같은 메모도 남겨 두었다. '이끼는 저평가되고 있다.'와 같은. 그 메모들이 무엇을 의미하는지 잘 모르겠다.

할아버지의 마지막 블로그 포스팅은 분주한 고속 도로 가에 핀 민들레를 가까이에서 찍은 사진이었다. 배경으로 획획 지나가는 차가 밝은 노란색 점으로 보였다.

거기에 적혀 있는 글은 간단했다.

어디서나 당신이 보여.

내가 막 오븐에서 그릇을 꺼내는데 할아버지가 부엌으로 들어왔다.

"뭘 만들고 있어?"

"바나나빵이에요."

"네 할머니가 최고로 맛있는 바나나빵을 구워 주곤 했지."

"할머니 요리법으로 했어요."

빵 한 조각을 잘라 할아버지에게 내밀며 말했다.

"한번 맛 좀 보세요."

할아버지가 한 입 베어 먹었다.

"할머니의 바나나빵 같아요?"

할아버지가 빵을 삼켰다.

"네 할머니의 바나나빵처럼 맛있는 건 세상에 없어."

나는 기운이 조금 빠졌다.

할아버지가 슬며시 웃어 보이며 덧붙였다.

"하지만 이건 좀 맛있구나."

종과 속

"오늘 밤에 집에서 인터넷으로 좀 찾아볼까요?"

내 질문에 할아버지가 대답했다.

"인터넷은 거짓 정보들로 가득해. 볼 게 없어. 난 책을 믿는다."

여기는 도서관이다. 할아버지는 아홀로틀에 대한 정보를 찾으려고 책을 여러 권 훑어본다. 나는 과학에 관심이 있지만 점심에도 관심이 많다. 내가 한입 먹을 수 있었던 건 자동판매기에서 산 그래놀라 바뿐이었다. 바비큐 감자 칩과 라즈가 생각났다.

"아, 여기 있다."

할아버지가 책을 훑어보며 말했다.

나는 할아버지 어깨를 넘어다보았다.

우리의 분홍색 덩어리와 비슷한 사진이 책에 나와 있었다. 사진 속 모습이 조금 더 살아 있고 귀여워 보였다. 거의 만화 같았다. 하지만 그 사진 밑에 다음과 같은 제목이 붙어 있었다.

암비스토마 멕시카눔

"할아버지는 이걸 아흘로틀이라고 하셨잖아요."
"아흘로틀은 그냥 부르는 이름이고 암비스토마 멕시카눔은 학명이야. 속과 종 이름이지."
"속과 뭐라고요?"
"속과 종. 과학자들이 생물체에게 지어 준 이름. 속은 범주이고 종은 더 세밀한 분류지. 이름 짓는 건 중요해. 적절한 이름이 없으면 우주에 질서가 없는 거니까."
"아."
"아무튼 난 우리 표본이 진짜 아흘로틀이라고 믿어."
"하지만 남는 다리는 어쩌고요?"
할아버지가 고개를 저었다.
"그건 유전적인 돌연변이거나 환경적인 돌연변이겠지."
할아버지는 그 페이지를 다시 들여다보았다.
"가장 신기한 건 멕시카눔이 필리핀의 고유종이 아니라는 거야. 이 모든 것이 미스터리지."

"뭐가 미스터리인데?"

어떤 목소리가 물었다.

할아버지가 깜짝 놀라 올려다보았다.

그 사람은 새로 온 배리모어 사서 선생님이었다. 배리모어 선생님은 팝아트 무늬가 있는 밝은 50년대 복고풍 드레스를 입는 걸 좋아한다. 오늘 선생님의 드레스는 체리 무늬이다. 나는 선생님 나이를 확실히는 모르겠다. 50대 후반이거나 아니면 60대 초반? 가끔 나이 든 사람과 이야기하는 건 조금 어렵다.

"사촌이 과학 수업 연구하는 걸 돕고 있어요."

내 말에 선생님이 대답했다.

"학교에 네 사촌이 있는 줄은 몰랐구나, 엘리."

"멜빈이에요. 멜빈, 이분은 배리모어 선생님이셔."

"만나 뵙게 되어 매우 기쁩니다."

할아버지가 손을 내밀며 말했다.

배리모어 선생님은 악수를 하며 웃었다.

"나도 만나서 반가워, 멜빈. 뭐 좀 도와줄까?"

"아홀로틀에 대한 정보를 찾고 있어요. 살라만다종이죠."

"그러면 목록을 확인해 보고 우리가 뭘 찾을 수 있는지 보자."

"정말 감사합니다."

할아버지는 중얼거리듯 말하고 둘이 같이 걸어갔다.

점심은 글렀다.

"멜빈, 중간 농도의 블랙커피!"
계산대 뒤에 있던 남자가 소리쳤다.
할아버지가 김이 나는 컵을 들고 바로 마시기 시작했다. 커피를 블랙으로 마시는 십 대는 없다. 나는 항상 거품이 나고 캐러멜과 설탕을 가득 넣은 라테를 마신다. 쓴맛을 없애는 것은 뭐든지 다 넣어서.
우리는 간식을 먹으려고 학교 근처에 있는 샌드위치 가게에 들렀다. 슬픈 그래놀라 바 점심을 먹은 뒤라 배가 고파 죽을 지경이었다. 나는 그릴드치즈 샌드위치를 골랐고 할아버지는 트리플 데커 터키 클럽과 감자튀김, 설탕가루가 뿌려진 도넛과 커피 케이크 한 조각, 칠리 한 접시를 골랐다. 우리는 음식을 가지고 작은 탁자로 갔다. 거기에는 기분 좋게 해 주는 작은 꽃병이 있었다. 파란 카네이션이었다.
나는 할아버지가 순식간에 음식을 먹어 치우는 모습을 지켜보았다.
"과식하는 것 같은데요."
내 지적에 할아버지가 말했다.
"내 잘못이 아니야. 사춘기라 그래."
할아버지는 '사춘기'를 마치 질병인 듯이 말했다.

난 카네이션을 바라보았다. 카네이션을 보자 어떤 생각이 떠올랐다.

"아홀로틀이 뭔가를 먹어 치웠기 때문에 다리가 더 생긴 건 아닐까요? 꽃에 파란 식용 색소를 이용하는 것처럼 말이에요. 꽃이 그 색소를 들이켜면 하얀 꽃잎이 파랗게 변하잖아요."

"계속해 봐."

"어쩌면 우리 과학 프로젝트를 환경에 따라 다리가 더 생기는지 알아보는 걸로 할 수도 있겠어요."

"그걸 어떻게 하지?"

"아홀로틀을 먹이로 이용하고 무슨 일이 일어나는지 보는 거예요."

할아버지는 감명을 받은 얼굴이었다.

"아주 좋아. 맘에 들어. 그러면 물품을 좀 사야겠다. 내일 방과 후에 사러 가자."

식사를 마치고 할아버지가 계산을 했다. 우리가 문밖으로 걸어가는데 브리애나가 들어왔다. 브리애나는 할아버지를 보고 눈이 커졌다.

"멜빈, 돌아온 줄 몰랐어."

"우리 언제 만난 적이 있어?"

할아버지가 묻자 내가 되물었다.

"브리애나 기억 안 나, 멜빈?"

할아버지는 잠시 브리애나를 보았다.

"이 애가 너랑 같이 유치원을 다녔다는 애야?"

브리애나가 웃었다.

"맞아! 엘리와 나는 같은 유치원에 다녔어! 그걸 알다니 깜짝한데!"

할아버지가 내게 돌아서서 말했다.

"가자."

그런 다음 문밖으로 걸어 나갔다.

"학교에서 봐."

나는 브리애나에게 인사하고 어색하게 손을 흔들어 주었다.

엄마는 조너스가 청소년처럼 행동한다고 말한다. 조너스는 자기 마음대로 나갔다 들어오고 계속해서 잠을 잤다. 지금도 엄마와 나 사이에 있는 소파의 폭신폭신한 자기 담요 위에 웅크리고 있다. 조너스의 눈이 텔레비전 화면 속 장면들을 따라다닌다.

"얜 정말 사람 같아."

엄마가 말했다.

우리는 조너스의 품종을 두고 계속해서 논쟁을 한다. 털이 두껍고 기니까 내 생각에는 메인 쿤 같다. 아빠는 수다스럽다고 샴의 일종이라고 생각한다. 벤 아저씨는 노르웨이 숲 고양이라고 확신한다.

"어쩌면 새 품종인지도 모르지. 펠리네 휴마누스*라고."

내 말에 엄마가 날 보았다.

"속과 종. 고양이속 펠리네와 인간종 휴마누스. 알아듣겠어? 과학인데."

엄마가 고개를 저었다.

"너하고 할아버지는 닮은꼴이야."

그러더니 덧붙여 말했다.

"그래도 네 양말은 할아버지 양말만큼 냄새가 고약하지는 않지."

할아버지 양말은 냄새가 지독했다.

"어떻게 해야 할지 모르겠어. 벤은 여기에서 할아버지랑 같이 살자고 하는데."

"괜찮을걸."

하지만 엄마는 약간 걱정스러운 얼굴이었다.

"잘 모르겠어. 너에게는 벤이 금방 새아빠가 되었지."

"근데?"

"넌 까탈스럽지 않은 편이야. 나는 네 사춘기가 언제 오나 계속 기다렸지. 하지만 아직 아니야."

"할아버지도 까탈스럽지 않은데."

* 고양이 인간이라는 뜻

내가 그렇게 말하자 엄마는 코웃음을 쳤다.

바로 그때 할아버지가 연한 분홍색 폴로셔츠를 들고 쿵쾅거리며 걸어 들어왔다.

"이걸 좀 봐! 분홍색이잖아!"

할아버지가 소리쳤다.

"그러네요, 아빠."

"원래 흰색이었어."

할아버지가 엄마와 나를 번갈아 보며 말했다.

"누군가 세탁기에 빨간 양말 한 짝을 남겨 둔 거야."

"진짜 남자는 분홍색도 입어요."

엄마가 농담을 했다.

할아버지는 엄마를 노려보더니 쿵쾅거리며 나갔다.

엄마가 날 보더니 눈썹을 치켜올렸다.

"까탈스럽지 않다고?"

"그건 아마도 할아버지의 속과 종 때문일지도. 틴에이지 보이너스*라고.

---

* 십 대 남자아이라는 뜻

쥐는 멋지쥐

라즈가 늦어서 나는 늘 기다리던 점심 자리를 맡아 놓고 앉았다. 얼어 죽을 것 같았다.

오늘 아침에 집을 나설 때는 따뜻하고 화창했다. 그래서 티셔츠 위에 재킷을 입기 귀찮아 그냥 나왔다. 점심시간 종소리가 들릴 때쯤 날이 추워지고 바람이 불었다. 나는 분실물 상자에서 뭔가를 가져오고 싶은 기분이었다. 하지만 그때 3학년 때 담임이었던 베넷 선생님이 분실물 상자를 벼룩 찾기 상자라고 부르던 일이 생각났다. 그래서 마음을 바꾸었다.

라즈가 쟁반을 들고 나타났다.

"미안. 과제물을 제출하느라고."

라즈가 자리에 앉아 감자 칩을 내게 내밀었다.

"고마워."

"할아버지는 어떻게 지내?"

"잘 지내. 우리는 과학 프로젝트를 생각해 냈어."

"그럼 실험복을 맞추어야겠네."

사실 지금 당장은 어떤 옷이건 거절할 맘이 없었다. 급식실로 바람이 불어올 때마다 몸이 떨렸다.

라즈가 얼굴을 찌푸렸다. 그러고는 두꺼운 검정 가죽 재킷을 벗어서 내게 건넸다.

"괜찮아."

나는 손사래를 치며 말했다.

"괜찮지 않아 보이는데. 몹시 추워 보여."

라즈는 내게 재킷을 억지로 안겼다.

"나는 안에 털이 든 옷을 입었어."

"고마워."

나는 작은 소리로 말하며 재킷을 걸쳤다. 따뜻하게 포옹하는 느낌이었다.

"그러면 방과 후에 다목적실에서 만날까?"

"방과 후에?"

"체스 토너먼트. 너도 올 거지. 그렇지?"

할아버지 때문에 신이 나 까맣게 잊고 있었다.

"오늘 과학전람회 프로젝트 때문에 할아버지랑 물품을 사러 가기로 했는데."

"됐어. 별거 아니야."

라즈는 그렇게 말했지만 실망한 목소리였다.

"다음은 언제야?"

"일주일 뒤."

"그때 꼭 갈게! 잊지 않겠다고 약속할게."

라즈가 살짝 웃었다.

"그러면 되겠네."

종소리가 울리자 라즈에게 겉옷을 돌려주었다. 곧 겉옷이 그리웠다.

"학교 끝나고 할아버지하고 재밌게 보내."

라즈는 얼굴을 찌푸리며 덧붙였다.

"'멜빈 할아버지'하고 '재미'하고 어울릴 것 같지는 않지만 말이야."

난 소리 내어 웃었다.

학교가 끝나자, 할아버지와 마을을 가로지르는 버스를 탔다.

"사방을 버스 타고 다니는 데 질렸어."

할아버지가 불평하며 덧붙였다.

"나도 차를 갖고 싶어."

"몇 년 후면 운전면허증을 딸 수 있잖아요."

"그러겠지."

할아버지가 생각에 잠긴 얼굴로 창밖을 내다보았다.

"내 첫 차는 낡은 중고 쉐보레였어. 내가 정말 원했던 건 포드 선더버드였지. 아쿠아톤 블루 색상으로. 그건 V-8 엔진이었어. 물론 십 대에 그걸 살 방법은 전혀 없었지."

우리는 작은 상점가에서 내렸다. 알뜰 가게가 있었다. 도넛 가게와 애완견 가게 그리고 타투 가게도 있었다.

"뭐 하러 여기에 온 거예요? 전 물품을 사러 온 줄 알았는데요."

"맞아."

나는 할아버지를 따라 애완동물 가게로 들어갔다. 가게 안은 조용하고 침침했다. 계산대 뒤에 있던 남자가 신문을 보다가 고개를 들고 손을 흔들며 말했다.

"도움이 필요하면 말해."

판매하는 동물은 많지 않았다. 주로 애완동물 물품이 있었다.

깔개, 사료, 벼룩 치료제. 고양이 용품 쪽에는 멋진 장난감들이 있었다.

할아버지는 뱀과 개구리를 지나 곧장 가게 뒤로 걸어갔다. 그리고 쥐가 가득 들어 있는 유리 칸막이 앞에 멈춰 섰다. 거기에는 '쥐는 멋지쥐!'라는 표지판이 있었다.

대부분의 쥐들은 분홍색 꼬리를 씰룩거리며 서로서로 꼭 붙어 웅크린 채 자고 있었다. 홀로 있는 쥐 한 마리가 보금자리 주위를 달리다가 코를 하늘에 대고 킁킁거리며 유리에 비벼 댔다. 할아버지는 쥐들을 유심히 관찰했다.

"대여섯 마리를 사 가야겠다."

나는 할아버지의 말을 이해할 수 없었다.

"쥐를 사 가겠다고요?"

"네 이론을 실험하기 위한 다른 어떤 방법이 있어? 쥐에게 아흘로틀을 먹여야지."

나는 입을 다물지 못했다.

"그런 다음에는요?"

"쥐들이 아흘로틀에 영향을 받는지 안 받는지 관찰해야지. 그런 다음 해부를 하고…."

"해부를 한다고요?"

할아버지가 과학자로 일할 때 쥐를 이용해서 실험을 했다는 건 알고 있었다. 하지만 난 그런 무방비 상태의 동물에게 뭔가를 실험한다는 건 상상할 수도 없었다.

"전 우리가 식물이나 꽃으로 실험할 거라고 생각했어요."

"쥐가 딱 좋은 실험 대상이야."

할아버지는 있는 그대로 말했다.

"하지만 안 돼요. 쥐는 너무 귀엽단 말이에요!"

"암 치료제도 그 '귀여운' 쥐로 실험해서 언젠가 만들어질 거다."

가게 점원이 우리 쪽으로 걸어왔다.

"도움이 필요해? 쥐는 할인 중이야. 하나에 10달러인데 여러 마리 사면 더 싸게 줄 수 있어."

나는 할아버지를 향해 고개를 저었다.

뭔가 할아버지 얼굴을 스쳐 지나갔다.

"알겠다."

할아버지는 그렇게 중얼거리더니 점원에게 돌아서서 말했다.

"아니요, 괜찮습니다."

"고마워요, 할아버지."

"우린 옛날 방식으로 실험을 해야 할 것 같구나."

"옛날 방식이라고요?"

"드로소필라 멜라노구스터를 이용할 거야."

"그게 뭔데요?"

나는 그것이 기니피그나 햄스터와 같은 다른 귀여운 동물의 전문 용어일까 봐 걱정되었다.

"초파리야. 초파리에게도 깊은 감정이 있는 거니?"

나는 잠깐 생각했다. 파리에 대해 따스하고 포근한 감정을 가지는 사람이 있을까?

나는 천천히 고개를 저으며 대답했다.

"아니요."

"그거 다행이구나."

할아버지 얼굴에 흥분된 표정이 떠올랐다.

"생각해 보니 몇 년간 초파리로 연구해 본 적이 없어. 엄청 재미있겠어!"

그때 라즈가 했던 말이 떠올랐다.

초파리를 재미있다고 생각할 사람은 할아버지뿐이다.

우리는 허셜이다

애완동물 가게에서 초파리 초보자용 한 세트를 샀다. 하지만 할아버지는 더 많이 필요하다고 말했다.

"우리가 직접 초파리들을 길러야 할 거야."

"어떻게요?"

"초파리 배양기를 만드는 거지. 초파리는 그 안에 알을 낳고 유충이 알을 먹을 거야."

"초파리 이유식 같은 거군요."

내가 농담조로 말하자 할아버지가 동의했다.

"말하자면 그렇지."

할아버지는 초파리를 기르는 데 필요한 물품 목록을 만들었다. 그것은 모두 식료품점에서 구할 수 있는 기본 물품이었다. 우리 냉장고가 비어 있어서 어차피 쇼핑을 해야 했기 때문에 타이밍이 완벽했다.

할아버지가 내게 지시했다.

"가장 잘 익은 바나나를 찾아야 해. 그것이 배양의 열쇠지."

엄마와 나는 밤에 식료품 쇼핑하는 걸 좋아한다. 계산대에 줄 설 필요가 없고 사람들이 보통 더 기분이 좋다. 아마 저녁을 만들러 급히 집에 가야 할 필요가 없어서일 거다.

오늘 밤도 다르지 않았다. 냉동식품 코너에서 한 끼 저녁거리를 살피는 사업가 같은 사람 말고는 통로가 텅 비어 있었다.

나는 할아버지의 목록에 있는 물건들을 카트에 담기 시작했다. 오트밀, 이스트, 제과점용 설탕, 레드와인 식초, 커피 필터. 그러다 스낵 코너에 있는 바비큐 칩을 지나가는데 라즈가 생각났고 체스 토너먼트 일로 미안해졌다. 그래서 라즈에게 사과할 뜻으로 바비큐 칩 몇 봉지를 집었다.

그런 다음 신선한 과일과 채소 코너로 갔다. 가장 짙은 갈색으로 변한 바나나 네 송이를 골랐다.

엄마가 말했다.

"그런데 내가 아빠와 이야기를 해 봤어. 몇 주 뒤에 여기로 올 거래."

아빠는 배우여서 〈레 미제라블〉 공연 투어 중이다. 아빠가 많이 보고 싶지만 우리는 주로 문자를 한다. 아빠는 엄마보다 문자를 더 잘한다. 엄마는 이모티콘 쓰는 법도 모른다.

"잘됐네."

나는 바나나를 카트에 넣으며 말했다.

"바나나빵을 더 만들 거야?"

엄마가 물었다.

"그건 할아버지와 내가 하는 과학 프로젝트를 위한 물품이야. 과학전람회 준비지. 추가 학점도 받을 거야."

엄마는 고개를 저었다.

"추가 학점 얘기가 나와서 말인데 이번 주말에 극장에서 네 도움이 꼭 필요해. 미술부가 영 아니거든."

"엄마가 물품을 사 주면 도와줄게."

내가 흥정을 했다.

"좋아."

"도넛도. 실험할 때 설탕 가루 입힌 도넛이 분명 필요할 거거든."

엄마가 내게 눈을 흘겼다.

다음 날 수업이 끝난 뒤 물품을 가지고 실험실에 도착했을 때 햄 선생님이 있었다.

"둘이서 프로젝트로 뭘 할 생각이야?"

선생님이 물었다.

"초파리를 기르려고요!"

"그거 좋은데."

할아버지가 덧붙여 말했다.

"직접 배양기를 만들 생각이에요. 훌륭한 초파리 배양 방법을 알고 있으니까."

"매우 인상적인데. 캐비닛 안에 있는 믹서를 써도 돼."

"감사합니다."

"나 뛰어가야겠다. 교직원 회의가 있거든. 초파리 배양기 만드는 거 재미있게 해!"

믹서를 꺼낸 뒤 할아버지는 초파리 배양 물 만드는 법을 알려주었다. 나는 바나나와 제과점용 설탕과 오트밀과 식초를 섞고 그것이 부드럽게 될 때까지 갈았다. 그러자 아주 맛있게 보여서 먹어 보았다. 과일 푸딩 맛이 났다.

"초파리가 자라는 데 얼마나 걸려요?"

"2주쯤."

배양 물이 준비되자, 할아버지는 실험실 식탁에 유리병 몇 개를 설치했다. 그리고 첫 번째 병에는 평범한 배양 물을 넣고 두 번째 병에는 아홀로틀을 섞은 배양 물을 넣어야 한다고 했다.

"세 번째 병을 만들어도 되나요?"

"왜 안 되겠어? 뭐 할 것이 더 있어?"

"치킨 너겟요."

"왜 치킨 너겟이야?"

"그 안에 뭐가 있는지 항상 궁금했거든요. 점심으로 나온 거 하나를 아껴 두었어요."

"그럼 해 봐."

나는 할아버지가 배양 물을 붓는 동안 첫 번째 병을 붙잡았다. 할아버지는 병의 4분의 1 정도까지 채웠다. 그리고 이스트를 조금 뿌리고 종이 커피 필터를 가져와 구겨서 맨 위를 덮었다. 할아버지는 초보자 키트 용기에서 초파리를 꺼내 흔들어 넣고 젖은 종이 수건으로 병을 덮고 고무줄로 묶었다.

나는 병을 바라보았다. 초파리는 파리처럼 보이지 않았다. 꼭 벼룩 같았다.

"우리 파리가 좀 이상해요. 날개가 없어요."

"드로소필라 멜라노가스터라는 이 변종은 날개가 없어."

"왜요?"

"연구하기 쉬우라고. 얘들은 날지 못해. 대부분의 가게에서는 이걸 팔지. 사람들이 개구리나 파충류 그리고 새들 먹이로 얘들을 쓰니까. 살아 있는 아주 좋은 먹이거든."

나는 초파리에게 미안했다. 날개가 없고 먹이로 쓰인다니. 학교에 갇혀 급식을 먹는 것과 똑같았다.

세 번째 병까지 다 끝냈다. 우린 좋은 팀이었다.

"허셜 남매 이야기 알아요? 햄 선생님한테 들었는데요."

할아버지가 고개를 들고 안경을 들어 올렸다.

"물론이지."

"그들에 대해 말씀해 주세요."

"캐럴라인 허셜과 윌리엄 허셜 남매야. 윌리엄이 오빠지. 윌리엄은 천문학자였어. 자신만의 망원경도 직접 만들었단다."

"여동생은요?"

"캐럴라인은 혜성을 발견한 것으로 유명해."

나는 그들의 가정생활이 궁금했다. 윌리엄은 수건을 제대로 걸어 두었을까? 변기 시트는 잘 내려놓았을까? 여동생의 여드름 크림을 빌려 썼을까?

"둘이 욕실을 같이 썼을까요?"

할아버지는 내 질문에 어리둥절한 얼굴이었다.

"1700년대에 욕실이 있었을 것 같지는 않은데?"

"없었다고요? 그러면 어디에서 볼일을 봤어요?"

"요강."

"요강이 뭐예요?"

할아버지가 야릇한 표정을 지었다.

"왜 이런 게 궁금한 거야?"

"둘이 가족이었으니까요. 과학을 하는."

할아버지가 고개를 갸웃했다.

"두 사람은 별을 봤어요. 우리는 초파리를 만들고 있고요. 우리가 허셜 남매 같지 않아요?"

할아버지가 잠시 눈을 깜빡거리다가 미소를 지었다.

"맞아. 그래. 그러네."

셰익스피어

베이 에어리어 사람들은 항상 지진 이야기를 한다. 학교에서는 지진 훈련을 하고 손전등에 새 건전지를 갈아 끼우고 차고에는 생수를 보관한다.

엄마는 큰 지진이 나면 내가 잠만 잘 거라고 농담을 한다. 엄마가 맞을지도 모른다. 요즘 하루 종일 잠만 자는 것 같으니까. 전에는 이러지 않았다. 사실 나는 일찍 일어나는 아이였다. 하지만 지금은 얼마나 일찍 자는지와 상관없이 그냥 잠에서 깰 수가 없다. 엄마는 이것이 진정한 십 대의 조짐이라고 말한다.

그러니 토요일에 정오가 다 되어서야 잠에서 깨는 건 놀랄 일이 아니다. 조너스는 내 새털 이불 밑에 따뜻한 혹처럼 있었다.

조너스의 연한 분홍색 발만 보일 뿐이다. 잠자는 걸 좋아하는 걸 보니 조너스도 십 대인 모양이다.

집이 조용하다. 엄마는 리허설을 위해 극장에 갔다. 거실을 들여다보니 할아버지 머리카락이 소파 담요 아래에 삐죽 나와 있는 것이 보였다.

부엌에 들어가니 엄마가 식기세척기 위에 붙여 놓은 쪽지가 있었다.

> 고장. 사용하지 말 것!
> 수리공을 불렀음.

내가 도착했을 때 극장은 에너지가 넘쳤다. 이 장소를 잘 알고 있기 때문에 마음이 편했다. 객석으로 튀어나온 좁다란 무대, 무대 의상 옷장, 조명 장치. 나는 여기서 자랐다.

"어서 와."

엄마는 회람판을 들고 있었다.

"할아버지는 어디 계셔?"

"피곤하대."

"그러시겠지. 너 미술부 일을 도와줄 수 있지? 저 배경 플랫*

---

* 밀어 들이거나 내는 무대 장치

을 오늘 끝내야 하거든."

"좋아요."

나는 〈템피스트〉 연극을 몇 번 본 적이 있다. 엄마가 무대에 올리기 좋아하는 작품 중 하나이다. 엄마는 〈템피스트〉가 고등학교에서 할 수 있는 완벽한 셰익스피어 연극이라고 말한다. 모든 것이 다 있으니까. 복수, 사랑, 마술, 가족, 칼싸움.

내가 이 작품을 좋아하는 이유는 불안하지 않아서이다. 〈맥베스〉와 〈햄릿〉과 달리 피와 죽음이 없다. 〈로미오와 줄리엣〉처럼 비극적인 사랑 이야기도 없다. 〈템피스트〉에서는 모든 것이 잘 돌아간다. 사람들은 못되게 군 걸 사과한다. 가족이 다시 만난다. 젊은 연인들은 결혼한다. 모두에게 기분 좋은 일이다.

십 대에게는 특히 기분 좋은 일이 필요하다.

미술부는 오프닝 장면을 위한 커다란 배경 플랫을 작업하고 있었다. 바다 폭풍. 나는 그림을 잘 그리지는 못하지만 장면 칠하는 것을 좋아한다. 다른 누군가가 배경 선을 그려 넣으면 그 선 안쪽을 색으로 채우기만 하면 된다. 인생도 그와 같다면 좋겠다고 가끔 생각한다.

나는 그림을 그리면서 엄마가 배우들에게 지시하는 것을 지켜보았다.

"꼭 기억해야 할 것은 머리를 돌려 무대에 있는 다른 배우들의 말을 귀 기울여 들어야 한다는 거야. 연기는 인생과 같아. 협력이지. 혼자 노력해서는 안 돼."

그런 다음 배우들은 리허설을 시작했다.

이제까지 이 연극에서 내가 가장 좋아하는 등장인물은 나이 든 마법사, 프로스페로였다. 아마도 그 마법사가 거들먹거리는 모습이 할아버지와 닮아서 그럴지도 모른다. 불행히도 이번에 프로스페로 역을 맡은 아이는 형편없었고 자기 대사도 몰랐다.

리허설 후에 엄마와 나는 저녁거리를 사러 피자 가게에 들렀다. 우리는 긴 토핑 리스트를 읽었다.

"버섯은 어때?"

엄마가 진지한 얼굴로 내게 물었다.

"퍽도 재밌어."

우리는 결국 절반은 버섯, 절반은 토핑이 없는 피자 하나와 페퍼로니 피자 두 개를 샀다. 할아버지가 아주 많이 먹으니까.

기다리고 있을 때 엄마가 물었다.

"프로스페로 역을 하는 아이 어땠어?"

"잘한다고 할 수는 없던데."

엄마가 한숨을 쉬었다.

"모두들 브로드웨이에 나가고 싶어 하면서 대사를 외우는 건 싫어해."

"미란다와 퍼디난드는 좋았어."

둘은 연극 속 젊은 연인이다.

"진짜 사랑하는 사이 같았어."

"진짜 그러니까."

"정말?"

엄마가 고개를 끄덕였다.

"둘이 데이트하는 사이야. 걔네들 눈에 별이 반짝이는 것도 진짜야."

"진짜 로맨틱하다!"

"공연이 끝날 때쯤 헤어질 거야. 그러면 눈물이 나겠지."

"헤어지지 않을 수도 있지. 어쩌면 영혼의 동반자일지도 몰라. 로미오와 줄리엣처럼."

엄마가 나를 보았다.

"그건 좋게 끝나지 않잖아. 기억 안 나?"

"아, 그렇지."

피자를 들고 집에 들어가자 쿵쿵거리는 소리가 들렸다. 크게 욕하는 소리도 이어졌다.

엄마와 나는 서로 눈빛을 교환했다.

"아빠, 피자 사 왔어요!"

엄마가 말하며 숨을 크게 쉬었다.

할아버지는 부엌 바닥에 앉아 있었다. 할아버지 주위에 연장 상자가 열려 있고 드라이버와 부품들이 있었다. 식기세척기가 분해되어 있었다.

"도대체 뭐 하시는 거예요?"

엄마가 소리를 질렀다.

"확실해. 내가 식기세척기를 고칠 수 있어."

"하지만 식기세척기 고치는 법을 모르시잖아요!"

"난 박사 학위가 두 개야. 다 할 수 있어."

할아버지가 우기자 엄마가 코웃음을 치며 말했다.

"제가 고등학교 다닐 때도 아빠는 건조기를 고치려고 했었죠."

"그건 내 잘못이 아니야. 제대로 된 부품이 없어서 그랬지!"

두 사람의 언성이 높아지자 나는 피자 한 조각을 들고 몰래 내 방으로 들어갔다. 조너스가 내 뒤를 따라왔다.

연극 얘기가 나와서 말인데, 셰익스피어도 이런 일에서 빠져 나가는 법을 써내지는 못할 거다.

우연히 발견한 곰팡이

나는 공포 영화를 좋아한다. 특히 과학과 연관이 있는 공포 영화. 할리우드에서는 실험이 항상 잘못된다. 개미가 거인이 되고 물방울이 마을을 덮고. 그건 흥미진진하다.

우리 실험은 정반대다. 병들은 초파리로 가득 차 있는데 완전히 정상이다. 나는 그 애들이 어둠 속에서 불을 밝히기를 희망했다. 아니면 늑대 소년이나 늑대 파리로 변하든지. 뭐든 정말 상관없다. 나는 무슨 일이든 일어나기를 바랄 뿐이니까.

나는 사건을 원한다. 오늘 수업이 끝나고 실험실에 갔을 때 초파리는 여전히 똑같아 보였다. 평범하게.

아무 일도 일어나지 않는 것 같다.

나는 짜증 섞인 소리를 냈다.

"왜 그러냐?"

할아버지가 메모를 하다 말고 고개를 들어 물어보았다.

"정말 지루해요."

"지루하다고?"

"뭔가 더 신나는 일을 기대했단 말이에요! 괴물 영화처럼."

"할리우드가 과학을 다 망쳐 놓았구나."

할아버지가 코웃음 치며 말했다.

"사람들은 폭발이나 자욱한 연기 같은 걸 원하지!"

나도 그런 걸 원한다. 또한 다른 것도 조금 걱정이다.

"과학전람회는 어떡해요? 우리가 뭘 보여 줄 수 있겠어요?"

"넌 무슨 일이 일어날 거라고 생각했어? 네 가설은 뭐였지?"

"음, 저는 아홀로틀을 먹은 파리가 어떤 식으로든 변할 거라고 예상했어요."

할아버지가 병 쪽을 가리켰다.

"데이터가 보여 주는 건 뭐지?"

"아무 일도 안 생긴다는 거요."

"그러면 네 결론은 뭐야?"

"이것이 완전히 시간 낭비라는 거?"

할아버지가 고개를 저었다.

"가설을 세운다고 꼭 그렇게 되지는 않아. 어쨌든 데이터를 살

펴봐. 데이터가 보여 주는 방향이 네가 전혀 예상하지 못한 것일 수도 있고, 가끔 아주 흥미로운 결과를 얻게 되기도 해. 페니실린처럼."

"페니실린 약 말하는 거예요? 그 맛없는 거?"

"그 맛없는 약이 세상을 바꿔 놓았어. 페니실린이 나오기 전에는 사람들이 간단한 감염만으로도 죽었지. 페니실린 발견은 정말 우연히 일어났단다."

"그게 무슨 말이에요?"

"알렉산더 플레밍은 페트리 접시에 박테리아를 기르고 있었어. 그런데 휴가 가기 전에 깨끗이 씻는 게 귀찮아서 그냥 떠나 버렸지. 휴가가 끝나고 실험실로 돌아와 보니 박테리아가 있던 자리에 곰팡이가 있는 거야. 그렇게 우연히 생긴 곰팡이가 페니실린이었단다. 박테리아를 죽인."

흥미로운 이야기였다. 그리고 멋지기도 했다.

"그래서 페니실린이 곰팡이라는 거예요?"

"그래."

"그러니까 그렇게 맛이 없죠."

"좋은 과학자들은 데이터에서 배워."

할아버지가 공책을 두드리며 덧붙였다.

"또한 과학을 하려면 시간이 필요해. 넌 참을성을 더 길러야겠다."

나는 할아버지를 보았다.

"좋아요. 참을성을 기르도록 애써 볼게요."

할아버지가 만족하며 미소를 지었다.

"좋아."

"하지만 아직도 무슨 일이든 일어났으면 좋겠어요."

할아버지와 알렉산더 플레밍에게 공통점이 있다는 것이 증명되었다. 두 사람 모두 지저분하다. 할아버지는 여기저기에 그릇을 놔두고 양말을 치우지도 않는다. 엄마의 참을성이 한계에 다다랐다.

모든 일이 토요일 아침 식사 자리에서 일어났다.

나는 계란과 두부로 실험을 했다. 보통은 햄이나 베이컨을 넣고 스크램블드에그를 만들었다. 하지만 채식주의 열풍이 일고부터 고기를 넣지 않았다. 고기 대신 두부를 넣어 보았는데 금방 후회했다. 두부가 냄비 속에서 흩어지더니 아무리 봐도 맛있어 보이지 않았다. 할아버지도 그건 손대지 않을 거다.

할아버지가 요리를 보고 말했다.

"그게 뭐냐?"

"두부 넣은 스크램블드에그요."

"그건 개에게 줘도 안 먹겠다."

엄마가 젖은 수건을 들고 쿵쿵거리며 부엌으로 들어왔다.

"이건 좀 그만!"

"나도 동감이야. 고기를 안 먹고 산다는 사람을 이해할 수 없어."

엄마가 할아버지에게 젖은 수건을 흔들어 보였다.

"수건을 안 걸어 뒀잖아요!"

"미안해. 깜빡했나 봐."

하지만 엄마의 표정을 보니 이미 시동이 걸렸다는 걸 알 수 있었다.

"아빠는 돼지예요. 대학 때 나랑 방을 같이 쓴 친구도 아빠보다는 깔끔했어요. 제 말 아시겠어요?"

엄마는 할아버지가 자는 거실 쪽을 가리켰다.

소파 옆에 있는 그 장소는 난장판이었다. 개지 않은 옷 더미에 검정 양말로 가득 찬 사과 상자와 신문지 더미와 신발 상자와 뭉쳐진 화장지들과 지저분한 커피 잔들, 그리고 빈 물병과 도서관 책들이 산더미처럼 쌓여 있었다. 우리 집은 작다. 그래서 조금만 지저분해도 두드러져 보인다. 엄마와 벤 아저씨는 올해 새 집을 사야겠다고 말했지만 부동산 가격이 마구 치솟았다.

엄마는 손사래를 쳤다.

"벤이 며칠 뒤면 집에 올 거예요. 아빠는 이 상황을 다 해결해야 한다고요!"

"내가 뭘 어떻게 하길 바라니?"

할아버지는 퉁명스러운 십 대처럼 물었다.

"알았다. 내 집을 마련해야겠어."

엄마가 허리에 손을 얹고 말했다.

"정말요? 집주인들에게 물어보세요. 열네 살짜리에게 집세 받는 걸 좋아하는지."

내 옷장에 할아버지 물건을 넣어 두자고 제안함으로써 제3차 세계 대전이 일어나는 것을 가까스로 피했다. 나에게는 충분한 공간이 있다. 또한 비밀이지만 물건 정리하는 것도 무척 좋아한다. 질서를 좋아하는 건 아마도 내게 있는 과학자다운 면인 것 같다.

내가 할아버지에게 말했다.

"보세요, 할아버지. 전 속과 종처럼 제 옷장을 정리했어요. 바지 속, 레깅스 종. 이건 반바지 종. 재미있죠. 그렇죠?"

"흠."

할아버지는 감탄하며 셔츠를 걸었다.

옷장에 있는 할아버지 칸을 보니 모든 옷걸이가 뒤로 걸려 있었다. 물건을 어떻게 거는지에 대해 확실하고 빠른 길이 따로 있지는 않지만 나는 엄마의 무대 의상들을 똑바로 거는 데 꽤 많은 시간을 보냈기 때문에 옷걸이를 거꾸로 해서는 안 된다는 정도는 알고 있다. 그러면 옷을 쉽게 잡을 수가 없다.

"왜 모든 걸 거꾸로 걸어요?"

내가 할아버지에게 물었다.

할아버지가 나를 보았다.

"네 할머니가 항상 이렇게 걸었거든."

나는 그걸 몰랐다. 나는 모르는 게 많다.

어렸을 때 할머니가 돌아가셔서 나는 할머니에 대한 기억이 희미하다. 그것도 확실한 기억인지 아니면 엄마가 하는 이야기를 들어서인지 잘 모른다. 기억 중 몇 개는 달달하다. 할머니가 항상 간식으로 프레첼이 든 그릇을 부엌에 두었다는 것과 같은. 그리고 이상한 기억도 있다. 할머니가 냉장고에 건전지를 두었던 것 같은.

내 옷장에 겨우 할아버지 옷을 넣고 다른 물건들은 상자에 넣었다. 상자를 놓기 위해 내 선반의 위 공간을 깨끗이 치웠다. 선반에 마지막으로 신발 상자를 얹으려다가 놓치는 바람에 내용물이 사방에 흩어지고 말았다.

"죄송해요!"

할아버지는 한숨을 내쉬고 말했다.

"괜찮아."

우리는 물건을 치우기 시작했다. 오래된 사진과 출생증명서, 반짝이는 단추와 진행표, 서류, 가느다란 고리에 묶인 머리카락이 있었다. 하지만 대부분은 책이었다. 고전은 아니었다. 오래되고 누렇게 변한 로맨스 소설들이었다. 실루엣과 할리퀸 로맨스. 표지의 삽화가 서로를 바라보는 커플 그림이었다. 나는 『운명에 사로잡혀』라는 책을 집어 들었다.

"아, 그래. 그건 기억이 다 나."

"할아버지가 이걸 읽었다고요?"

"다 읽었지. 여러 번."

나는 조금 멍해졌다. 할아버지가 쉬는 시간에 아인슈타인 책만 읽을 거라고 생각했는데. 흐늘흐늘한 로맨스가 아니라.

"정말요? 그건 좀, 음, 할아버지 같지 않은데요."

"네 할머니는 내가 밤에 실험실에서 일할 때 그 책들을 읽어 주곤 했지. 그러면 시간이 지나갔거든. 그러다 네 할머니가 가고 난 후에 네 할머니 생각이 날 때마다 그 책들을 읽었어."

그건 이상하게도 로맨틱했다.

"그래, 넌 벤이 새아빠로 어떠냐?"

"좋아요."

그건 사실이다. 벤 아저씨는 결코 아빠 행세를 하지 않는다. 멋진 삼촌에 더 가깝다. 또한 나와 비디오 게임 하는 걸 좋아한다.

"난 절대 그러지 못할 거야."

"뭘요?"

"다시 결혼하는 거."

"왜요? 할머니가 돌아가신 뒤로 데이트 안 했어요?"

"네 할머니가 유일한 데이트 상대였어."

기분 상한 듯한 말투였다.

"다른 사람하고는 한 번도 데이트를 안 했다고요? 한 번도요?"

"꼭 해야 하는 거냐?"

"그건 아니지만 외롭잖아요."

할아버지 시선이 날 지나쳐 갔는데 얼굴에는 전혀 알 수 없는 표정이 서렸다.

"물론 외롭지. 네 할머니가 세상을 뜬 뒤 나는 완전히 망가졌어. 암으로 허약해지는 걸 바라보는 것이 어떤 건지 넌 상상도 못 할 거다. 박사 학위 두 개와 평생 과학에 헌신한 나도 나쁜 세포를 막을 수 없었어! 네 할머니를 살리기 위해서라면 뭐든지 했어야 했는데."

할아버지가 거칠게 다시 말했다.

"뭐든지."

잠시 방이 조용해졌다.

"다시는 그런 일을 겪고 싶지 않아."

할아버지 목소리는 텅 비어 있었다.

"그 일을 생각나게 해서 죄송해요."

기분이 안 좋았다. 할머니가 돌아가셨을 때 할아버지는 아주 많이 슬펐나 보다.

"괜찮아."

할아버지는 손을 내저었고 다시 얼굴 표정이 부드러워졌다.

그리고 『불타는 모래』라는 책을 집어 들었다. 표지에는 낙타가 있는 사막을 배경으로 잘생긴 남성과 여성이 그려져 있었다.

"이게 내가 가장 좋아하는 작품이야."

"왜요?"

"아, 그건 말이지. 항상 낙타가 타고 싶었거든."

게임

침실을 빠져나와 현관으로 내려가 보니 문가에 벤 아저씨의 옷가방이 있었다.

부엌으로 걸어 들어가자 엄마가 말했다.

"살아 있었네! 네가 외계인에게 유괴되었나 알아보려고 수색대를 막 보낼 참이었는데."

나는 식탁에 가서 앉았다. 엄마는 행복해 보였고 벤 아저씨는 주름이 많아 보이고 머리카락이 여기저기 삐져나와 있었다.

"몇 시에 집에 오신 거예요?"

벤 아저씨에게 물었다.

"새벽 두 시쯤."

벤 아저씨가 머리를 긁으며 대답했다.

"그쯤 됐을걸? 사방이 희미했어. 21시간 동안 비행기를 타는 것만큼 힘든 건 없어."

이제 다시는 학교까지 버스 타고 가는 것을 불평하지 않아야겠다.

벤 아저씨가 신음 소리를 내며 덧붙였다.

"그리고 3일 뒤에 그걸 또 해야 해."

엄마가 벤 아저씨에게 미소 지으며 말했다.

"하지만 그럴 가치가 있잖아요. 안 그래요?"

"그렇긴 하지."

벤 아저씨는 몸을 기울여 엄마에게 키스했다.

두 사람은 같이 있으면 흐물흐물해진다.

"그러기에는 좀 이른 아침 아닌가?"

할아버지가 여전히 잠옷 차림인 채 부엌으로 들어오며 투덜거렸다.

엄마가 웃으며 말했다.

"지금 정오인데."

할아버지도 엄마의 행복을 방해할 수는 없었다.

벤 아저씨가 말했다.

"만나서 반가워, 멜빈. 네가 여기에서 우리와 지내게 되었다는 말은 리사에게 들었어."

벤 아저씨는 할아버지가 내 사촌이라고 생각한다. 지난번에 할아버지가 우리와 살게 되었을 때 엄마가 그렇게 말해 두었다.

"그런가 보죠."

할아버지는 그렇게 말하고는 게슴츠레한 눈을 깜박이며 덧붙였다.

"다시 자러 가야겠네. 아, 피곤해."

할아버지는 부엌을 떠났다.

엄마가 벤 아저씨에게 돌아서서 얼굴을 찌푸렸다.

"사춘기 때는 다 저런가."

벤 아저씨가 집에 있으면 멋진 이탈리아 식당으로 가족 식사를 하러 갈 수 있다. 물론 버섯은 피한다. 밥을 먹고 나면 벤 아저씨는 보드게임을 하자고 제안한다.

엄마가 벤 아저씨와 결혼한 뒤로 보드게임이 우리 집에 많아졌다. 엄마는 벤 아저씨가 정말로 커다란 아이 같다고 농담을 한다.

"아니, 됐어. 난 게임 안 좋아해."

할아버지가 말하자 내가 졸랐다.

"왜? 우리가 한 팀이 될 수 있는데!"

엄마가 씩 웃었다.

"그거 맘에 드는데! 어른 대 십 대."

"어른이라고? 정말?"

할아버지가 엄마에게 대꾸했다.

엄마는 얼굴을 찌푸려 보이며 말했다.

"얘, 날 이기지 못할 거 같아서 그러지?"

"제발."

내가 간청을 하자 할아버지가 중얼대듯 말했다.

"좋아. 하지만 리스크 게임은 거절하겠어. 그건 시간이 너무 많이 걸려. 유럽은 완전히 방어할 수 없으니까."

우리는 부엌 식탁에 앉아 성과 유령과 사람을 먹는 거대한 거미와 관련된 보드게임을 했다. 처음에는 쉬워 보이지만 실제로는 꽤 어렵다. 보드 판의 어떤 지점에 도달하면 거미가 사람을 죽인다. 그러면 다시 처음으로 돌아가야 한다.

"이건 말도 안 돼!"

세 번째로 그런 일이 우리 팀에 일어나자 할아버지가 소리를 질렀다.

"우리가 또다시 시작해야 한다고?"

엄마가 할아버지를 놀렸다.

"하지만 멜빈, 이미 게임을 한 번 해 본 거나 마찬가지니까 뭔가를 분명히 배우지 않았겠어?"

나는 엄마가 게임에 대해 하는 말이 아니라는 걸 안다.

하지만 할아버지는 엄마를 무시하고 보드 판을 노려보았다.

"우리가 지하 감옥으로 제대로 가고 있다는 걸 수학적으로 파악했는데."

"수학이라고?"

내가 물었다.

"그래."

할아버지가 보드 판을 두드리며 덧붙여 말했다.

"보드게임은 아주 수학적인 거야."

벤 아저씨가 동의했다.

"맞아. 나는 대학에서 수학을 전공했지."

"대학 학위를 낭비하고 있으면서."

할아버지가 나지막이 중얼거렸다.

"꼭 그렇지는 않아. 좋은 게임을 만들려면 필요한 게 많아. 스토리텔링, 수학, 물리."

벤 아저씨 말에 할아버지가 물었다.

"물리?"

"그래."

벤 아저씨가 주사위를 집어 들었다.

"하지만 게임에서 가장 중요한 건 이거야."

"파란 주사위요?"

내가 묻자 벤 아저씨가 설명했다.

"가능성. 이것이 게임하는 사람들이 통제할 수 없는 단 하나의

변인이지."

그러고 나서 주사위를 굴리니 5가 나왔다.

엄마가 칸을 세고 말을 지하 감옥으로 던져 넣었다.

"이겼다!"

엄마가 소리쳤다.

벤 아저씨가 내게 눈을 찡긋했다.

"그리고 게임을 재미있게 해 주지."

게임 얘기가 나와서 말인데 체스는 내게 미스터리다. 내가 아는 유일한 건 공원에 있는 노인들이 체스를 좋아한다는 것뿐이다. 게임 참가자들이 유니폼을 입나? 응원은 하나? 더 중요한 건, 간식도 있나? 그게 어떻든 나는 라즈가 체스 두는 걸 정말로 보고 싶다.

다목적실은 열기로 가득 차 있었다. 참가자들이 체스 판을 사이에 두고 긴 탁자에 서로 마주 보며 일렬로 앉아 있었다.

라즈는 평상시처럼 온통 검은 가죽옷을 입은 무법자 차림이었다. 하지만 다른 아이보다 훨씬 돋보이게 만드는 것이 하나 있었는데 그건 바로 선글라스였다.

라즈와 겨루는 여자아이는 내가 평소에 체스 선수라고 생각하는 모습이 아니었다. 긴 금발 머리에 유니콘이 달린 반짝이는 스웨터를 입었다. 내가 머릿속에 이런 나쁜 고정 관념을 갖게 된

건 할리우드 때문이라는 생각이 들었다.

드디어 체스 게임이 시작되었다. 나는 깜짝 놀랐다. 모든 것이 흥미진진했기 때문이었다. 손이 날아다녔다. 체스 말들이 뒤집어졌다. 타이머는 철썩 소리가 났다. 그건 마치 맞대결하는 보드게임 같았다. 말장난 같은 건 없었다.

라즈는 집중해서 체스 판을 보았다. 손은 체스 말을 옮기기 위해 휙휙 움직이고 번개같이 타이머를 쳤다. 시선은 고정되어 있고 자신감이 넘쳤다. 감자 칩을 나누어 먹던 때보다 훨씬 멋있었다. 할아버지가 천 번을 보면 어느 날 새로운 뭔가가 보인다고 했던 말이 생각났다.

라즈를 생전 처음 보는 것 같았다.

키시 파이*

다음 날 학교의 내 사물함 앞에서 라즈와 이야기를 나누었다.

"체스 모임은 어땠어?"

라즈가 물었다.

"아주 멋졌어. 하지만 무슨 일이 일어나는지는 잘 모르겠더라. 체스 두는 법을 모르니까."

"내가 가르쳐 줄까?"

"정말?"

라즈가 웃으며 대답했다.

* 달걀, 우유에 고기, 야채, 치즈 등을 섞어 만든 파이의 일종

"그럼."

우리는 다음 날 방과 후로 약속을 정했다. 라즈는 엄마 심부름을 빨리 끝내고 우리 집으로 오기로 했다.

그날 학교가 끝나고 집에 갔을 때 예기치 못한 손님이 와 있었다. 하지만 이번에는 911을 부르지 않았다.

왜냐하면 그 범죄자가 아주 귀여웠기 때문이다.

거실 소파 위에 살찐 오렌지색 얼룩무늬의 이웃집 고양이가 있었다. 얼룩고양이는 딱 자기 자리라는 듯이 조너스 옆에 웅크리고 있었다.

"여기서 뭐 해?"

오렌지색 얼룩고양이에게 물었다.

얼룩고양이는 게으르게 눈을 깜빡거렸다.

"여기는 네 집이 아니잖아."

내가 얼룩고양이에게 말했다.

그때 할아버지가 들어왔다.

"고양이가 또 생긴 거야?"

"이웃집 고양이예요. 고양이문으로 조너스를 따라 들어왔나 봐요."

"그래. 벼룩이 없기를 바랄 뿐이다."

"할아버지는 벼룩을 좋아하는 줄 알았는데요."

"벼룩 그림 그리는 것만 좋아하지."

할아버지가 분명히 말했다.

나는 얼룩고양이를 들어 올려 그 애가 사는 집 마당 쪽으로 데려다주었다. 그 애는 날 쳐다볼 뿐이었다.

"어서 집으로 가."

그런 다음 부엌으로 다시 돌아왔다.

라즈가 체스를 가르쳐 주러 오기로 했으니 뭔가 특별한 것을 요리하고 싶었다. 키시로 정했다. 키시는 만들기가 쉽다. 특히 냉동 파이 껍질을 이용한다면. 하지만 냉장고가 텅 비어 있었다. 엄마가 극장 일로 한창 바쁜 모양이었다. 시금치도 없고 키시를 만들 만한 것이 없었다. 마침내 달걀과 치즈, 그리고 두부를 사용했다.

나는 키시를 오븐에 집어넣었다. 타이머가 꺼지자 조리대에 올려 두고 식혔다. 두부로 했지만 맛있어 보였다.

할아버지가 부엌에 들어와서 냄새를 맡았다.

"뭘 요리한 거냐?"

"키시예요."

"맛있겠는데."

할아버지가 나이프를 집어 들고 키시를 자르러 가자, 내가 손을 저으며 말했다.

"잠깐만요! 안 돼요! 그건 먹지 말아요!"

"왜 안 돼?"

"그건 라즈 거란 말이에요."

"이 키시가 다?"

"아니, 물론 아니에요. 조금 있다가 그 애가 오면 먹어요."

"하지만 난 지금 배고픈데."

할아버지가 투덜댔다.

나는 고개를 저으며 말했다.

"안 돼요. 편의점에 가서 간식거리를 사 올게요. 그동안 신문이나 보고 있어요."

할아버지는 쿵쿵거리고 부엌을 나가면서 퉁명스레 말했다.

"키시 잘 먹어라!"

초인종이 울렸다. 문을 열자 라즈가 나무 상자를 들고 서 있었다. 머리에 무스를 바르지 않아 약간 곱슬거리는 걸 보니 이제 막 샤워를 하고 온 모양이었다.

"내 체스 세트를 가져왔어."

라즈가 웃으며 말했다.

"잘했어. 어서 들어와."

"멜빈 할아버지는 어디 있어?"

라즈가 나를 따라 들어오면서 물었다.

"신문 사러 가게에 갔어."

조너스가 다가와서 라즈 다리에 대고 몸을 문질렀다.

"안녕, 조너스."

라즈가 고양이 귀를 쓰다듬었다.

라즈에게 우리 집에 들어온 이웃집 고양이 이야기를 했다. 라즈는 그걸 재미있어했다.

"아무도 없는 동안 고양이 파티를 했던 걸까?"

라즈가 소리 내어 웃으며 물었다.

"얼마 동안 그러고 있었을 것 같아?"

나도 궁금했다.

"잘 모르겠어. 여기에 아주 편하게 있더라고."

"그 애들은 아무도 모르는 비밀의 삶을 살았는지도 몰라."

부엌 탁자에 자리 잡고 앉자 라즈가 체스 판을 설치했다. 그리고 체스 판 위의 말을 가리키며 말했다.

"이 큰 말이 킹이야. 그 옆의 가장 큰 말이 퀸이고. 그리고 룩과 비숍과 나이트와 폰이 있어."

말을 듣고 있으니 셰익스피어가 떠올랐다. 셰익스피어의 등장인물은 항상 궁정에 있는 선수들 같다.

라즈는 기본적인 움직임을 알려 주었다. 그런 다음 우리는 간식 시간을 가졌다. 내가 키시를 잘랐다.

"맛있는데."

라즈가 말했다.

하지만 나는 빵 껍질만 주로 먹었다. 달걀 부분은 내 입에 맞지 않았다.

"이 두부는 잘 모르겠어."

내가 자백했다. 약간 풀이 죽었다.

"내가 먹을게. 문제는 해결됐네."

"우리는 정말 완벽해."

라즈의 얼굴에 뭔가 스쳐 지나갔다.

"완벽하다고?"

"응! 넌 달걀 부분을 먹고 난 껍질을 먹고. 우리는 완벽하게 키시를 먹는 사람들이잖아!"

"엘리."

라즈가 입을 떼더니 숨을 삼키고 말을 이었다.

"너 혹시….."

바로 그때 할아버지가 부엌으로 급히 들어왔다. 할아버지는 뺨을 손으로 감싸고 있었다.

"엘리!"

할아버지가 소리쳤다

"안녕, 멜빈 할아버지."

라즈가 인사했다.

할아버지는 라즈를 무시하고 물었다.

"엄마가 아는 치과 의사 있어?"

할아버지는 끙끙 앓았다.

"왜요? 무슨 일이에요?"

"이가 아파! 내가 캔디 바를 깨물었는데 씌운 게 떨어졌어!"

할아버지는 손을 펼쳐 왕관처럼 생긴 커다란 금니를 보여 주었다.

라즈가 낮게 휘파람을 불며 말했다.

"금이 많네요."

"키시를 먹었더라면 이런 일은 안 일어났을 텐데."

할아버지가 매섭게 째려보았다.

"엄마한테 전화할게요."

병원이나 치과가 항상 그렇게 활기찬 것은 이상한 일이다. 이 치과는 벽에 웃고 있는 해마를 그려 놓았다. 왜 해마들이 웃고 있지? 충치 치료에 재밌는 일은 하나도 없는데.

엄마가 말했다.

"아이 하나가 더 있는 것 같아."

"적어도 엄마는 그 아이를 대학에 보낼 필요는 없잖아. 이미 박사 학위가 두 개나 있으니."

"하하."

십 분 뒤에 치과 의사가 문을 열고 우리에게 들어오라고 했다. 우리는 작은 진찰실로 몰려 들어갔다. 그곳에 할아버지가 목 주위에 작은 종이 앞치마를 두른 채 치과 의자에 앉아 있었다. 할아버지는 비참해 보였다.

"자, 이를 뺄 준비가 다 되었습니다."

그린 의사 선생님이 말했다.

"뽑는다고요?"

엄마는 자기 뺨을 만졌다.

의사 선생님은 컴퓨터 스크린에 엑스레이 사진을 올렸다. 그리고 할아버지 이 밑에 회색 선을 그었다.

"이에 금이 갔어요. 깊은 충치가 있어 벌써 치료했더군요."

할아버지가 신음 소리를 냈다.

"그런데 이 치료는 어디서 하셨나요?"

"잘 모르겠어요."

엄마가 애매하게 대답했다.

"예순 살 먹은 노인에게서나 볼 수 있는 치료법이라서요."

의사 선생님은 아무것도 모른다.

"하지만 치열 교정의를 소개해 주고 싶어요. 이 환자는 두드러지게 윗니가 아랫니를 덮고 있거든요."

"저도 그래요."

나는 과학을 생각하며 덧붙였다.

"그건 유전인가요?"

엄마는 그저 한숨을 내쉬었다.

"우리 가족 중에 교정기가 필요한 사람이 또 생길 줄은 몰랐는데."

"교정기라고?"

할아버지가 소리쳤다.

초파리의 날개

 저학년 때는 체육이 재미있었다. 우리는 핸드볼과 포스퀘어를 했다. 훌라후프를 하기도 했다. 하지만 지금은 체육이 끔찍하다. 선생님들은 심술궂고 체육복에서는 냄새가 난다. 말 그대로다. 아무도 집으로 가져가 세탁하지 않는다.
 그중에서도 달리기 시간이 제일 싫다. 달리기는 지루한 데다 내가 거의 꼴찌를 도맡아 한다.
 오늘 우리는 1.5킬로미터를 달려야 했다. 완전히 고통이었다.
 "안녕, 엘리."
 누군가 부르는 소리가 들렸다.
 돌아보니 브리애나가 달려왔다. 브리애나는 나와 정반대이다.

배구를 하고 있고 몸매가 아주 좋다.

브리애나는 나와 보조를 맞추려고 속도를 늦추었다.

"어떻게 지내니?"

브리애나가 물었다.

"잘 지내."

내가 숨을 헐떡이며 대답했다.

"네 사촌이 나랑 수학 같이 들어. 정말 똑똑하더라! 맨 먼저 시험을 끝내."

박사 학위 두 개인 게 수학 공부에 도움이 되는 모양이었다.

"너는 어떻게 지내?"

내가 물었다.

"아빠는 내가 내년에는 배구 대신에 소프트볼을 하길 원해."

브리애나는 그게 마음에 들지 않는 모양이었다. 브리애나의 아빠는 조금 밀어붙이는 형이다. 코치에게 큰소리를 치는 아빠 중 한 명이다.

브리애나가 털어놓았다.

"난 너희 아빠가 좋던데. 아주 재미있잖아. 우리가 발레 연습할 때 무대 의상을 입고 데리러 오셨던 거 기억나?"

그때 아빠는 늦어서 달려왔는데, 〈오페라의 유령〉에 나오는 유령 옷을 입고 나타났다. 엄마는 그 후 몇 년간 부모들이 아이를 데리러 오는 자리에서 아빠 이야기를 하더라고 했다.

우리는 달리면서 어린 시절의 추억을 나눴다. 브리애나와 이야기하는 건 쉽고 편하다. 오래되고 포근한 스웨터를 입고 있는 기분이다.

"우리 시간 나면 만나서 놀까?"

마지막 바퀴를 다 돌고 나자 브리애나가 물었다.

나는 브리애나를 바라보았다. 이마에 난 작고 하얀 흉터가 보였다. 초등학교 1학년 때 어떤 아이가 도시락 통으로 때려서 난 상처다. 그 일이 있었을 때 내가 같이 있었다. 브리애나가 우는 동안 내가 양호실에서 손을 잡아 주었다. 우리에겐 우리만 아는 작은 순간들이 있다. 나는 브리애나가 늘 그리웠다.

하지만 무엇보다도 그 애와 같이 나눈 기억들이 그리웠다.

"그래."

내가 대답했다.

그날의 나머지 시간도 늘 그랬듯이 시험을 보고 노트 필기를 하고 수업 사이에 충분한 휴식이 없는 채로 희미하게 지나갔다. 마침내 수업이 다 끝나자, 나는 그래놀라 바를 사려고 얼른 자동판매기로 갔다.

햄 선생님이 내 곁을 지나가다 말했다.

"엘리, 네가 기르는 초파리들 좋아 보이던데. 조심히 다루고 날아가 버리지 않게 해. 몇 년 전에 그런 적이 있었는데, 관리인에게 어떻게 된 건지를 듣지도 못했어. 엉망진창이었지."

"걱정 마세요."

나는 아무 생각 없이 대답했다.

선생님이 지나가고 그래놀라 바를 한 입 베어 물었다. 그때 햄 선생님의 말이 갑자기 떠올라 목이 막혔다.

날아가 버린다고?

나는 실험실로 달려갔다. 실험실에 도착해서 내가 본 것을 믿을 수 없었다.

아홀로틀이 들어 있던 병 속에 있던 파리에게… 정말로 날개가 생겼다!

진짜 사건이 일어난 것이다!

나는 충격에 빠져 병을 뚫어져라 보았다. 플레밍이 페트리 접시에서 곰팡이를 발견했을 때 이런 기분이었을까?

잠시 뒤에 할아버지가 실험실로 들어왔다.

"배고파 죽겠다. 오늘 집에 가는 길에 피자 가게에 들를 수 없을까?"

"날개예요!"

할아버지가 얼굴을 찌푸렸다.

"매운 날개는 별로던데. 소화가 잘 안 돼."

"초파리에게 날개가 생겼다고요!"

"하지만 그건 불가능해."

내가 병을 가리켰다.

"보세요!"

병 속을 들여다보던 할아버지의 눈이 커졌다.

"진짜 날개가 있네."

할아버지가 속삭였다.

"그러니까요."

할아버지는 돌아서서 내 어깨를 잡았다. 흥분으로 얼굴이 붉게 부풀어 올랐다. 풍선이라면 펑 하고 터졌을 것이다.

"날개가 생겼어!"

할아버지가 소리쳤다.

"날개가 생겼어요!"

내가 따라 말했다.

우리는 미친 사람들처럼 웃고 소리 지르며 팔짝팔짝 뛰었다.

실험실 문이 열릴 때까지. 어떤 선생님이 고개를 들이밀자 우리는 얼어붙었다.

"여기 괜찮은 거야? 지나가는데 고함 소리가 들려서…."

선생님이 말꼬리를 흐리며 말했다.

할아버지와 나는 서로를 바라보았다. 할아버지가 먼저 정신을 차렸다.

"네, 괜찮아요. 초파리를 기르는데, 너무 흥미진진해서요."

"초파리? 재미있겠네. 그래, 잘 해 봐. 진정 좀 하고."

문이 닫혔다. 할아버지와 내 시선이 딱 마주쳤다.

"완전히 할리우드 장면 같았어요."

"그런 것도 같아."

할아버지도 동의했다.

할아버지는 현미경으로 날아다니는 초파리를 가까이에서 지켜보고 싶어 했다. 그래서 초파리가 든 병을 들고 과학 실험실 밖으로 걸어 나갔다.

"기다리세요! 어디로 가는 거예요?"

나는 급히 할아버지를 붙잡았다.

"교사 휴게실."

"왜요?"

"거기에 냉장고가 있을 테니까."

할아버지는 아무런 망설임도 없이 교사 휴게실로 들어갔다. 그리고 곧장 냉장고로 가서 초파리 병을 냉동실에 넣는 할아버지를 나는 문가에서 지켜보았다.

"뭐 하는 거예요?"

내가 다그쳐 물었다.

"추위는 초파리 마취제야. 죽지 않을 거야. 단지 움직임을 멈출 뿐이지."

"아!"

마침 교사 휴게실이 비어 있어서 나는 안으로 들어가 급히 등 뒤로 문을 닫았다.

잠시 후에 할아버지는 초파리가 든 병을 꺼냈다. 한 마리도 움직이지 않았다.

실험실로 돌아온 할아버지는 초파리 몇 마리를 페트리 접시 위에 놓은 뒤 현미경 아래로 밀어 넣었다. 그리고 렌즈를 들여다보았다.

"믿을 수가 없어."

할아버지가 중얼거렸다.

"저도 봐도 될까요?"

내가 부탁하자 할아버지가 옆으로 비켜섰다.

나는 괴상하게 한쪽 눈을 감고 한쪽 눈을 가늘게 뜬 채 현미경을 들여다보았다. 초파리 대부분이 날개를 가지고 있었다. 하지만 다 그런 것은 아니었다. 어떤 것들은 몽똑한 것이 삐죽 나와 있을 뿐이었다.

"내 가설이 결국 맞은 것 같은데요."

내가 말했다.

"우리 아홀로틀이 초파리에게 날개가 생길 수 있게 해 준다면 몸의 다른 일부도 자라게 해 줄지 몰라! 몸의 장기나 조직, 혈구 같은 거. 과학적 활용도 생각해 봐!"

할아버지는 신이 나서 말했다.

나는 과학적 활용 같은 건 모른다. 하지만 한 가지는 확실했다.

"초파리가 깨어나고 있어요."

나는 페트리 접시를 가리키며 말했다. 날개가 흔들렸다.

우리는 초파리들을 다시 병에 집어넣었다.

첫 번째 데이트

엄마가 말했다.

"좋은 소식이야. 프로스페로가 드디어 대사를 다 외웠단다!"

"잘됐네."

우리는 엄마 침실에서 빨래를 갰다. 엄마 침대는 집에서 가장 커서 빨래를 펴기가 쉬웠다. 조너스는 건조기에서 꺼내 아직 따뜻한 수건 더미에 웅크리고 있었다.

엄마는 동작 몇 번만으로 셔츠를 완벽하게 정사각형으로 갠다. 빨래 개는 데는 선수다. 고등학교 때 옷 가게에서 일한 적이 있어서다.

"요즘 뭐 신나는 일은 없니? 연극 때문에 네게 소홀했던 거

같아."

엄마가 속마음을 털어놓았다.

나는 엄마에게 날개가 생긴 초파리에 대해 말하고 싶었다. 하지만 그것은 나와 할아버지만의 비밀처럼 느껴졌다. 우리는 인간이 없는 사이에 몰래 집에 들어와 있는 고양이 같았다. 우리가 뭘 하는지 아무도 몰라야 한다.

"할아버지와 잘 어울려 다니고 있어."

나는 그렇게만 말했다.

조너스는 잠을 자면서도 마치 신나는 꿈을 꾸는 것처럼 꼬리를 움직였다.

"할아버지가 좀 귀여워."

엄마가 눈썹을 꿈틀거리며 대꾸했다.

"귀엽다니 하는 말인데, 누구 관심 가는 애 있어?"

나는 망설였다.

"그게, 조금 관심이 있는 남자애가 있는데…."

엄마 눈썹이 올라갔다.

"그래? 누군데?"

"바로 여기!"

나는 수건에서 조너스를 낚아 올려 껴안았다. 조너스는 귀찮은 얼굴을 하고서 내 품에서 풀쩍 뛰어내려 방에서 달려 나갔다.

"퍽도 재밌구나."

엄마가 말했다.

하지만 사실 체스 모임 이후로 라즈와 나 사이에 뭔가 변화가 있는 것 같다. 나는 과학적으로 그걸 생각하려고 애썼다.

우리에 대한 가설이 뭐지?

우리는 만나서 친구가 되었고 가장 친한 친구 사이가 되었다. 하지만 뭔가 더 다른 것으로 변할 수 있을까?

"네 할아버지의 더러운 옷이 신기하게도 항상 우리 빨래 속에 들어 있다는 게 웃겨."

엄마는 할아버지의 폴로셔츠 하나를 집어 올렸다.

"엄마가 빨래를 할 거라는 걸 아는 거지."

내 말에 엄마가 고개를 흔들며 말했다.

"옛날에 우리 엄마가 어떻게 아빠를 참고 살았는지 도대체 모르겠어."

"할머니가 로맨스 소설을 좋아했다는 건 알고 있었어?"

"맞아, 그랬지. 엄마는 항상 침대 옆에 소설책들을 쌓아 두었어."

엄마는 궁금하다는 얼굴로 날 바라보았다.

"넌 그걸 어떻게 알았어?"

"할아버지도 그걸 몇 권 가지고 있으니까."

"허!"

"할머니는 무슨 암이셨어?"

"췌장암. 악성이었어. 아주 빠르게 퍼졌지."

엄마가 아래를 보며 덧붙였다.

"결국엔 아주 빠른 건 아니었지만."

"무슨 뜻이야?"

"엄마 암은 발견되었을 때 많이 진전이 되어 있었어. 네 할아버지는 마지막으로 할 수 있는 모든 화학 용법과 방사능과 실험 치료를 다 해 보고 싶어 했지. 나는 엄마의 남은 짧은 생을 정원에서 보내게 해 드리고 싶었고. 네 할머니는 꽃과 함께 집 밖에 있는 걸 정말 좋아하셨거든."

나는 할아버지의 블로그를 기억한다. 온통 꽃 사진들.

그리고 '어디서나 당신이 보여.'라는 글

엄마가 한숨을 내쉬었다.

"네 할아버지와 내게 안 좋은 시간이었어. 우리는 많이 싸웠지."

"할머니는 어떻게 하길 원하셨는데?"

엄마의 얼굴이 굳어졌다.

"내 생각에 엄마는 우리가 그저 행복하길 바라셨던 것 같아. 하지만 끝내 아무도 행복하지 못했지. 엄마가 돌아가셨으니까."

엄마는 몸을 떨면서 내게 어색한 미소를 지었다.

"이 이야기는 그만하자. 중요한 임무가 있어."

"임무?"

엄마는 할아버지의 빨래 더미를 들어 올렸다. 비열한 표정을 지으며.

"나쁜 세탁 행동을 그대로 두고 볼 수는 없어! 쓰레기봉투에 냄새나는 걸 버리고 이 빨랫감을 떨어뜨려야 겠어. 냉장고에 넣어 둔 오래된 치즈가 딱 좋아."

우리 집에서 누가 진짜 십 대인지 궁금하지 않을 수 없다.

다음 날 점심시간에 라즈와 나는 할아버지가 페퍼로니 피자 두 조각을 5분도 안 되어 입에 쑤셔 넣는 것을 지켜보았다. 그렇게 빨리 먹는 사람을 본 적이 없는 것 같았다. 과학적 성취가 생각났다.

마지막 빵 조각이 사라지자 할아버지는 일어서서 크게 트림을 했다.

"피자 더 사러 갈 거예요?"

내가 물었다.

"도서관에 갈 거야!"

"뭐가 그렇게 급한데요?"

라즈가 물었다.

"조사할 게 있어!"

그러더니 할아버지는 배낭을 움켜쥐고 사라져 버렸다.

라즈가 말했다.

"와, 멜빈 할아버지에게 불이라도 붙었나 봐. 다시 부적을 되찾은 모양이야."

할아버지는 완전히 새사람 같았다. 말 그대로 뛰어다녔다. 흥분해서 펄쩍펄쩍 뛰었고 공책에 끊임없이 뭔가를 적어 나갔다.

날개가 가장 중요한 발견이 아니라는 생각이 들었다. 할아버지가 옛날의 자기를 다시 발견한 것이 중요했다.

라즈가 물었다.

"이게 과학 프로젝트 때문이야?"

"응."

라즈는 고개를 흔들더니 말했다.

"금요일에 새로운 공포 영화가 나와."

"무슨 영화?"

"좀비 영화."

"우아!"

나는 잘 만들어진 좀비 영화를 아주 좋아한다.

"네가 보러 가고 싶은지 궁금했어."

말을 잇는 라즈 목소리가 조금 떨렸다.

"그러니까… 데이트처럼."

내 밑의 땅이 움직이는 느낌이었다. 모든 것이 가만히 있는데 말이다. 이것은 지진이다.

라즈가 내게 데이트 신청을 하다니!

머리카락에 브리지를 하는 것에 대해 토론을 할 때 느꼈던 것과 똑같은 불안감이 느껴졌다. 물론 머리카락 염색보다 더 큰 불안감이었다.

"우리끼리만?"

내가 물었다.

라즈는 순간 확신하지 못한 표정이었다.

"어, 그룹으로 해도 되겠지."

그건 좀 더 쉬워 보였다.

"그럼 그렇게 하자."

내가 재빨리 말하자 라즈도 동의했다.

"좋아."

"몇 시 영화 볼까?"

"9시 20분. 그 전에 뭔가를 먹을 수도 있고. 극장 옆에 새로운 식당이 있던데, 꽤 괜찮을 것 같더라."

"그거 좋겠는데."

라즈가 고개를 갸웃하며 물었다.

"누구에게 같이 가자고 부탁할 건데?"

나는 잠시 생각에 잠겼다.

"그건 내게 맡겨."

체육 시간에 브리애나에게 물었다. 우리는 잔디 위에서 스트

레칭을 했다.

"그거 재미있겠다. 또 누가 오는 거야?"

"지금까지는 나하고 너하고 라즈야."

"우리에겐 한 명이 더 필요해."

물론 브리애나 말이 맞았다. 셋은 이상한 수다. 엄마는 내가 어렸을 때 셋이 노는 것을 싫어했다.

"멜빈은 어때?"

브리애나가 제안했다.

나는 속으로 신음을 했다. 브리애나가 할아버지에게 반한 건 알고 있었다. 하지만 내 첫 번째 데이트를 할아버지와 하고 싶지는 않았다.

"그게 있지…."

말을 시작하는데 브리애나가 끼어들었다.

"멜빈은 친구가 많은 것 같지 않더라. 그 애에게는 좋은 기회일 거야."

나는 속으로 말했다. 할아버지한테는 얼마나 나쁜 기회인데? 어른이란 말이야. 알겠어?

"좋아."

내가 말했다.

체육 선생님이 호루라기를 불었다.

"시작하자! 달리기할 시간이야!"

나는 끙 신음을 했다.

"내가 같이 달려 줄게."

브리애나가 말했다.

나는 브리애나를 보았다.

"정말 그렇게 천천히 달리길 원한단 말이야?"

브리애나가 날 끌어당기며 활짝 웃었다.

"어서 가자."

버게와 몰티드

"저녁만 먹으러 가는 거 아니었어?"

할아버지가 물었다.

우리는 버스를 타고 영화관으로 갔다. 이렇게 늦은 시간에 버스를 타 본 적이 없어서 나는 마치 무법자가 된 기분이었다.

"저녁 먹고 영화도 봐요."

사실 오늘 밤에 나가고 싶은지 할아버지에게 '묻지' 않았다. 엄마는 극장에서 리허설이 있고 나 혼자 버스 타는 걸 원치 않는다고 설명했을 뿐이다. 그래서 할아버지가 나랑 함께 가 주는 것이다. 이렇게 하는 것이 라즈와 브리애나랑 같이 다니고 싶은지 묻는 것보다 쉽다고 생각했다. 완전히 안전이라는 측면으로만

접근한다면 할아버지가 같이 가 줄 걸 알고 있었다. 어쨌든 내 할아버지니까.

식당은 1950년대 분위기였다. 탄산음료 분수대도 있었다. 자동 전축에서 50년대 음악이 흘러나왔다. 그리고 종업원들은 아첨하기 위해 옷장에서 걸어 나온 듯했다.

우리가 도착했을 때 브리애나와 라즈는 이미 와 있었다.

"안녕, 멜빈!"

브리애나가 손을 가볍게 흔들며 인사했다.

할아버지도 예의 바르게 인사했다.

"안녕."

우리는 포마이카* 탁자가 있는 빨간 비닐 좌석에 앉았다.

브리애나가 말했다.

"이곳은 정말 멋져! 처음 문 열었을 때 가족이랑 와 봤어."

종업원이 음료 주문을 받기 위해 왔다. 나는 메뉴 뒤쪽을 보았다. 여러 가지 맛의 탄산음료와 밀크셰이크와 몰티드라는 음료가 있었다.

"몰티드가 뭐야?"

내가 묻자 할아버지가 머리를 들어 올렸다.

"몰티드가 있다고? 요즘엔 마셔 본 적이 없는데. 맛있는 음

---

* 내열 플라스틱 판

료야."

"바닐라, 초콜릿, 딸기 몰티드가 있습니다."

웨이터가 도움을 주려는 듯 알려 주었다.

할아버지 얼굴이 밝아졌다.

"초콜릿 몰티드로 주세요."

"저도요."

내 말을 브리애나도 따라 했다.

"저도요"

"전 루트 비어 주세요."

라즈가 말하자 종업원이 사라졌다.

브리애나가 몸을 앞으로 기울이며 말했다.

"영화 예고편 정말 좋더라!"

"무슨 영화지?"

할아버지가 묻자 라즈가 대답했다.

"종말론적인 거. 모두 좀비가 돼."

"흥. 십 대에게나 맞겠네."

할아버지 말에 브리애나가 웃음을 터뜨리며 말했다.

"너 정말 웃긴다, 멜빈!"

종업원이 음료를 가지고 다시 나타났다.

할아버지는 몰티드를 한 모금 맛보더니 완전히 행복한 얼굴이 되었다.

나도 내 몰티드를 맛보았다. 덜 진한 밀크셰이크 같았는데 맥아 우유로 만든 구슬 같은 맛이었다.

"저녁 식사 주문 받겠습니다."

종업원이 말했다.

"모든 것이 들어간 야채 버거로 할래요."

라즈가 말했다.

나는 메뉴판을 들여다볼 기회가 없어서 같은 것으로 주문했다. 벤 아저씨라면 괜찮다고 할 것이다.

"치즈 버거로 주세요."

브리애나가 말했다.

"어떻게 익혀 드릴까요?"

"살짝만 익혀 주세요."

"그리고 손님은요?"

종업원이 할아버지에게 물었다.

"피클과 양상추가 들어간 햄버거로 주세요. 잘 익혀 주세요. 내 말 들었죠? 잘 익혀서요."

"잘 익혀서요."

종업원이 할아버지 말을 따라 했다.

종업원이 가고 나자 할아버지가 브리애나에게 말했다.

"음식을 살짝만 익혀 달라고 하는 건 좋지 않아."

"하지만 난 항상 그렇게 주문하는데."

"흠. 살모넬라에 한번 걸려 보고 싶은가 보지? 그러면 토하고 설사가 날 텐데."

브리애나는 얼굴이 하얗게 질렸다. 그러나 할아버지는 이제 막 시작했을 뿐이었다.

"아니면 리스테리아는 어때? 그것도 재미있어. 고열과 경련. 만약 그걸로 진단을 받으면 사망률이 5분의 1이야."

"내가 치즈 버거 때문에 죽을 수도 있다는 말이야?"

이건 내가 바라던 일이 아니었다.

나는 휴대 전화를 들어 올렸다.

"어, 음, 멜빈. 엄마가 문자하셨어. 전화해 달래."

나는 식당 밖으로 할아버지를 끌어냈다.

"네 엄마에게 전화하게 전화 줘."

할아버지가 손을 내밀며 말했다.

"엄마가 전화한 게 아니에요! 제발 그만 좀 해요!"

"뭘 그만해?"

"그런 역겨운 이야기 모두요!"

"난 과학자야. 그냥 사실을 나열했을 뿐이라고."

"진짜 사실은요, 할아버지가 지금 저녁 식사를 망치고 있다는 거죠!"

할아버지가 눈살을 찌푸렸다.

"좋아. 그만할게. 토하고 설사하…."

내가 말을 잘랐다.

"할아버지! 저 진심이에요!"

식당으로 다시 걸어 들어갈 때 할아버지가 나지막이 중얼거렸다.

"네 친구가 고통스럽게 죽어 가도 나한테 뭐라고 하지 마라."

자리로 돌아간 할아버지는 조금 기가 죽었다. 라즈가 내게 윙크를 했다. 나는 데이트를 망친 건 아니라는 걸 알았다.

브리애나가 밝은 목소리로 물었다.

"멜빈, 운동은 좀 하니?"

"내가 운동하게 보여?"

"파도타기 선수처럼 보이는데."

브리애나의 말에 내가 덧붙였다.

"긴 머리 때문에 그래."

"나는 그런 말도 안 되는 것에 시간을 낭비하지 않아."

할아버지 말에 브리애나가 다시 물었다.

"그럼 무슨 음악을 좋아해?"

할아버지는 잠시 당황한 표정이었다.

"지금 나오는 음악이 아주 좋은데."

"내 말은, 좋아하는 특별한 가수나 밴드가 있냐는 거야."

"앤디 윌리엄스라면."

마침내 할아버지가 대답했다.

"어, 난 그런 사람 모르는데."

브리애나가 휴대 전화를 들고 빠르게 검색했다.

"아, 잠깐만! 우리 할머니가 이 사람 음악을 들어. 이거 옛날 음악 아냐?"

브리애나가 혼란스러워하며 물었다.

라즈는 탄산음료에 캑 하고 목이 메었다.

할아버지가 우겼다.

"그건 옛날이 아니라 고전이지!"

브리애나는 계속 질문을 하면서 할아버지의 대답을 들으려고 애를 썼다. 텔레비전 쇼를 좋아하는가? (아니, 시간 낭비다.) 스마트폰에 무슨 앱을 깔아 두는가? (앱이 뭐지?) 어떤 기종의 휴대 전화를 좋아하는가? (없다. 그건 시간 낭비다.)

그걸 지켜보는 건 괴로운 일이었다. 할아버지는 정확히 말해 무례하지는 않았다. 하지만 두 사람은 살아 있는 생물체라는 거 말고는 공통점이 하나도 없어 보였다.

마침내 종업원이 우리 음식을 가져와 그 상황을 끝내 주었다.

브리애나가 물었다.

"멜빈, 버거 어때?"

"아주 잘 익혔어. 고마워."

그때 할아버지가 식당을 둘러보았다.

"물이 좀 있었으면 좋겠는데. 요즘엔 말을 하지 않으면 물을 안 가져다줘서 싫어."

하지만 식당은 붐볐고, 종업원은 많은 무리의 사람들을 맞아들였다. 종업원은 두 번이나 우리 옆을 지나갔지만 두 번 다 할아버지를 못 보고 지나쳤다.

할아버지가 빈 잔을 들고 벌떡 일어나서 크게 소리쳤다.

"이봐요, 물이 좀 필요하다고요."

나는 완전히 당황해서 탁자 아래만 내려다보았다. 바닥이 날 삼켜 버릴 것이다. 그때 잔이 깨지는 소리가 들렸고, 나는 고개를 들었다.

쉿 하는 소리가 식당 안에 쫙 퍼졌다.

할아버지가 배를 꼭 움켜쥐고 서 있었다. 고통스러운 얼굴이었다. 할아버지 발치에 깨진 유리잔 파편이 흩어져 있었다.

브리애나가 물었다.

"멜빈? 괜찮아?"

할아버지 눈이 완전히 돌아갔다.

그리고 스르륵 바닥에 쓰러지고 말았다.

응급 상황!

 여러분이 만약 응급실에 가야 한다면 금요일 밤은 피하도록 해라. 그것은 마치 급식실 줄 맨 끝에 있는데 점심 먹을 자리를 얻으려고 애쓰는 것과 같다. 술 취한 사람들과 싸우느라 화나 있는 사람들뿐이다. 그것은 전혀 흥미로운 광경이 아니다.
 라즈와 나는 대기실에 앉아 있었다. 브리애나는 집에 갔지만 라즈는 구급차가 도착하자 나와 같이 가겠다고 했다. 나는 무서웠고 뭘 어떻게 해야 할지 몰랐기 때문에 고마웠다.
 "햄버거 때문이겠지?"
 라즈가 넌지시 물었다.
 "그렇게 생각해?"

라즈는 잘 모르겠다는 얼굴이었다.

"완전히 잘 익혔는데 무슨 문제가 있었을까?"

엄마가 응급실 문을 확 밀어젖히며 들어왔다.

"무슨 일이니?"

엄마가 다그쳐 물었다.

"모르겠어. 식당에서 그냥 쓰러졌어."

간호사가 우리를 커튼이 쳐진 방으로 데리고 들어갔다. 할아버지는 선들로 연결되어 있었고 삑삑 소리 나는 화면들에 둘러싸여 있었다. 식당에서 쓰러진 후 잠깐 깨어났지만 구급차에서 불안정한 상태가 되었다. 지금은 잠이 들었다. 눈이 감겨 있으니 할아버지는 확실히 아픈 십 대처럼 보였다.

위생복을 입은 의사 선생님이 엄마에게 질문을 했다.

"아드님이 몇 살인가요?"

"조카예요."

엄마가 고쳐 말했다.

"그 애 나이는, 그러니까…."

"열네 살이에요."

내가 대답한 뒤 물었다.

"뭐가 잘못된 건가요?"

"글쎄, 맹장염 같아 보여. 하지만 몇 가지 검사를 해 봐야지."

"수술을 해야 하나요?"

엄마가 물었다.

"맹장염이면 그래야죠. 하지만 미리 단정 짓지는 맙시다. 몇 가지 정보가 더 필요해요. 의학적인 문제는 없나요?"

엄마는 순간적으로 당황스러워 보였다.

"음, 혈압이 높은 것 같아요."

"좀 예외적이군요."

의사 선생님은 그렇게 말하며 뭔가를 휘갈겨 썼다.

"그리고 관절염도 있어요."

엄마가 덧붙였다.

의사 선생님이 눈썹을 치켜올렸다.

"류머티즘 관절염 말인가요?"

"잘은 모르겠어요."

"제가 알아야 하는 건 또 없나요? 식단이 바뀌었다거나?"

"저녁 식사로 햄버거를 먹었어요."

내가 말했다.

"완전히 익힌 걸로요."

라즈가 덧붙였다.

"잘 알았어요. 먼저 입원을 시키고 정보가 더 있으면 다시 돌아오겠습니다."

새벽 한 시경에 의사 선생님은 맹장염이 아니라고 알려 주었다. 하지만 지켜보기 위해 하룻밤 동안 있어야 한다면서 우리를 집으로 돌려보냈다.

엄마가 라즈를 집 앞에 내려 주었다.

"같이 있어 줘서 고마워."

내가 라즈에게 말했다.

"뭘…. 멜빈이 괜찮아지면 좋겠어."

"나도. 내일 문자 할게."

잠자리에 들어서야 우리가 영화를 보러 가지 못했다는 걸 깨달았다.

소아병동은 말도 못 하게 활기차다. 치과 병원보다 훨씬 심하다. 벽마다 정글 동물 그림이 있다. 기린과 코뿔소와 코끼리. 가구가 밝게 채색된 놀이 공간이 있고 열대어들이 가득한 수족관도 있다. 간호사들은 꽃무늬가 그려진 위생복을 입었고 청진기에는 곰 인형이 달려 있다.

나는 완전히 지쳐 버렸다. 전혀 잠을 잘 수가 없었다. 할아버지 걱정을 멈출 수가 없었기 때문이다. 할아버지 방에 가까워질수록 배 속이 점점 더 안 좋아졌다.

하지만 그때 할아버지가 외치는 소리가 들렸다.

"배고파 죽겠어! 어젯밤에 아무것도 못 먹었어요! 왜 아침 식사로 죽밖에 안 주는 건데요?"

방에 들어섰을 때 할아버지는 간호사와 실랑이를 벌이고 있었다.

"젤리는 아침 식사가 아니죠!"

할아버지가 간호사에게 말했다.

"담당 의사 선생님이 이렇게 지시하셨어."

간호사가 대꾸했다.

"다 나으신 모양이야."

엄마가 내게 속삭였다.

의사 선생님이 들어왔다. 어젯밤에 본 선생님이 아니었다. 의사 선생님은 자기소개를 하고 할아버지는 완전히 무시한 채 엄마에게 돌아서서 말했다.

"음, 멜빈에게 무슨 문제가 있는지 찾을 수가 없어요. 기관들은 아무 이상 없어요. 검사 결과는 모든 것이 음성으로 나왔어요. 그러니 추적 검사를 위해 일주일 뒤에 데리고 오시는 걸 권하는 바입니다. 물론 조금이라도 이상이 있으면 언제든 연락 주시고요."

"이보세요! 환자는 바로 전데요."

할아버지의 짜증스러운 말에 의사 선생님은 간단히 "미안." 하고 말했다.

"그러면 뭣 때문에 쓰러진 거였죠?"

엄마가 물었다.

"대체로는 피로해서죠. 십 대에게 종종 일어나는 일입니다. 너무 많은 에너지를 쓰죠. 늘 보는 일이에요. 복부 통증은 아마 가스였을 테고요. 뭘 먹었으니까요."

"그렇다면 다행이네요."

"간호사와 같이 가셔서 퇴원 수속 서류를 작성하시겠어요?"

모두가 방을 떠나고 나와 할아버지만 남았다.

할아버지는 닫힌 문을 보고 코웃음을 쳤다.

"저 사람이 의사 양반이야? 대학도 못 나온 것 같은데."

"진짜 괜찮은 거죠?"

"최고야!"

그건 아주 잘된 일이었다.

"그러니까 가스 때문이었던 거예요?"

"물론 아니지! 그건 맹장 때문이었어!"

나는 완전히 혼란스러웠다.

"하지만 의사 선생님은 맹장염이 아니라고 했잖아요."

할아버지가 아랫배를 두드리며 말했다.

"날 믿어. 그건 내 맹장 때문이었어."

"어떻게 아세요?"

"나는 열아홉 이후로 맹장이 없었어. 지금은 있고."

내 입이 떡 벌어졌다.

"하지만, 하지만, 어떻게요?"

"내가 아흘로틀을 주입했거든."

"뭘 하셨다고요?"

"초파리에게 날개가 생겼으니 아흘로틀이 내 없어진 치아를 돌려놓지 않을까 생각했거든. 하지만 치아 대신에 맹장이 생겨 버렸어! 흥미로운 결말이지 뭐야!"

나는 믿을 수가 없었다.

"괜찮으세요? 그건 위험한 일이었어요!"

할아버지는 걱정하지 않는 얼굴이었다.

"과학자는 위험을 무릅써야 해! 게다가 확률이 반반이라고 생각했어. 캐럴과 라지어처럼."

"누구처럼요?"

"제임스 캐럴과 제시 라지어. 두 의사는 황열병에 감염된 모기에 자기들도 물렸지. 그 당시에 두 사람은 황열병이 모기에 의해 전염되는지 알아내려고 연구 중이었거든."

"그래서 어떻게 됐어요?"

"둘 다 황열병에 걸렸어. 당연히."

"그래서 그걸 밝혀냈어요?"

"그럼. 그리고 제시 라지어는 죽었어."

난 숨이 막혔다.

"죽었다고요?"

할아버지의 이마에 주름이 잡혔다.

"당연히 죽었지! 그때 황열병은 치명적인 질병이었으니까. 그래서 어떻게 그 병이 전염되는지 밝혀내려고 애를 썼던 거고."

"할아버지는 괜찮아요? 돌아가시면 어떡해요?"

할아버지가 내게 손을 휘휘 저었다.

"다 잘되었잖아. 이제 구내식당에 가서 괜찮은 먹을거리 좀 사다 줄 수 있겠냐? 팬케이크나 달걀 샌드위치 같은 거?"

내가 멍한 상태로 문 쪽으로 걸어가는데 할아버지가 뒤에서 소리쳤다.

"와플이 있다면 와플도 먹을 거야! 베이컨도!"

공포 영화

라즈가 말했다.

"수업 사이에 멜빈 할아버지를 봤어. 좋아 보이던데."

"응. 지금은 괜찮아."

할아버지가 모든 병원 물건을 조금씩 이용해 본 셈일 뿐이다. 할아버지는 주말의 나머지 시간을 소파에 누워서 보냈다. 많이 피곤하다고 하면서. 엄마는 할아버지 빨래도 해 주었다. 결국 할아버지는 연극이 체질이었는지 모른다.

라즈가 말했다.

"난 그게 가스 때문이었다는 걸 믿을 수가 없어. 엄청나게 아파 보였거든."

나는 그 일이 새로 생긴 맹장 때문이라고 말하고 싶었지만 하지 않았다.

라즈가 급식실을 둘러보았다.

"그런데 할아버지는 어디 있어?"

"아마 도서관에 있을걸."

"거기서 정말 많은 시간을 보내는구나. 배리모어 선생님한테 빠져 있는 것 같지는 않아?"

내가 웃으며 대꾸했다.

"말도 안 돼."

"배리모어 선생님이 할아버지의 진짜 나이와 가깝잖아."

라즈가 지적했다.

그건 맞다. 하지만 그게 짝사랑인지는 모르겠다. 할아버지가 할머니를 잊은 것 같지는 않아 보였으니까.

라즈가 말했다.

"어쨌든 그 영화가 좋았다고 하더라."

"그래."

"다시 보러 갈래?"

라즈가 물었다.

만약 라즈가 내 삶의 연극 속 배우였다면 그는 남자 주인공일 것이다. 키 크고 무법자 같고 잘생겨서가 아니다. 믿음직스럽기 때문이다. 내가 겁에 질려 그 끔찍한 응급실에 있을 때 라즈는 내 옆에 있어 주었다.

"그러고 싶어."

내가 대답했다.

"그러면 이번에는 우리끼리만이다?"

라즈가 제안했다.

그건 좋은 생각 같았다.

엄마는 연극에 쓸 의상을 구하러 중고 할인 매장에 가는 걸 좋아한다. 가끔은 내 물건도 골라서 가져온다. 부풀어 오른 블라우스라거나 밝은 비닐 벨트라거나 70년대 스타일 치마 같은 거. 그것들은 대체로 너무 화려하고 너무 독특하다. 내 취향은 편한 스타일이다. 부드러운 걸 좋아하고 확실한 걸 좋아한다. 그리고 너무 꼭 끼는 건 싫어한다.

금요일 밤이 되자 나는 계속해서 옷장 안을 들여다보았다. 어떤 이유에서인지 오늘 밤은 관심을 끌고 싶었다. 나는 할인 매장에서 구한 것을 입기로 했다. 느슨한 넥타이가 달린 실크 셔츠. 그 옷은 편해 보이기도 하고 동시에 갖춰 입은 것처럼 보이기도 했다. 너무 많이 신경 쓴 티도 나지 않았다. 실제로는 그랬지만.

엄마가 말했다.

"너 예뻐 보인다. 그 셔츠가 네게 딱 맞을 줄 알았어."

라즈의 대학생 형 아난다가 집으로 와서 우리를 태워 주었다.

아난다는 말이 많은 사람이 아니다. 내가 언젠가 왜 말이 없는지 물어보았다.

"누군가는 들어 주어야 하니까."

아난다는 그렇게 말했다.

아난다는 조용했지만 차 안은 라즈와 내가 수다 떠는 소리로 가득했다.

"내기하자. 영화에서 누가 살아남을까? 인간 아니면 좀비?"

라즈가 물었다.

"좀비 팀이지."

나는 항상 괴물 팀이다. 괴물은 완전히 오해받고 있다.

"좋아. 나는 인간에게 걸게. 뭘 걸까?"

그건 쉬웠다.

"일주일간 바비큐 칩 사기."

라즈가 씩 웃었다.

"좋아."

우리는 복합 상영관에 도착했다.

"나중에 여기 앞에서 만나."

라즈가 차에서 내리면서 아난다에게 말했다. 아난다는 고개만 끄덕였다.

라즈가 이미 표를 사 두어서 줄을 설 필요가 없었다. 안에 들어가 팝콘(소금이 더 들어간) 큰 거 한 통을 사고 탄산음료(루트 비어) 두 잔을 샀다.

극장 밖에 있는 포스터에는 '두려움에 떨 준비를 해라!'라고 적혀 있었다.

"두려움에 떨 준비 됐어?"

라즈가 농담을 했다.

"한번 해 보라지."

내가 대답했다.

우리는 어둠 속으로 걸어 들어갔다.

내가 공포 영화를 좋아하는 이유 중에는 공포 영화가 무섭지 않아서인 것도 있다. 나는 무대 메이크업과 안개가 나오는 기계 틈에서 자라났다. 가짜 피를 어떻게 만드는지, 시체가 무대 위로 어떻게 떨어지는지 다 알고 있다. 모든 것이 눈속임일 뿐이다.

하지만 이 영화는 정말로 끔찍했다. 무대 위에서 무슨 일이 일어나는지와 상관없이.

라즈가 내 손을 잡았다.

그리고 그건 느낌이 좀… 야릇했다.

나는 어떻게 해야 할지 몰랐다. 나는 오른손잡이인데 그러면 어떻게 탄산음료를 들어 올리지? 화장실에 가고 싶으면 어떡하지? 라즈의 손에서 땀도 났다. 셰익스피어가 희곡에서 이런 걸 언급한 적이 있었는지 기억나지 않았다.

영화 중간쯤에 라즈가 내 손을 놓고 루트 비어를 한 모금 마셨다.
그러자 마음이 놓였는데 그게 또 혼란스러웠다. 내게 무슨 문제가 있는 걸까? 그 애가 손을 잡는 걸 원치 않는 걸까?
나는 계속 화면에 눈을 고정했다. 라즈가 다시 손을 잡아 주기를 기다리면서.
하지만 그 애는 그러지 않았다.
나는 그의 손을 잡아야 할 사람이 나라는 걸 알았다.
하지만 난 그러지 않았다.

영화를 본 후에 우리는 아난다가 우리를 데리러 올 때까지 바깥 벤치에서 기다렸다.
"저, 영화 정말 좋더라."
라즈가 말했다.
영화는 형편없었다. 좀비 분장은 그리 무섭지 않았다. 그리고 왜 인간들은 항상 지하에 숨는 걸까? 내가 좀비라면 맨 먼저 지하를 찾아볼 텐데.
"그래."
내가 동의했다.
우리는 다른 나라에서 온 사람들 같다. 서로를 이해하지 못한다. 더 이상 같은 언어로 말하지 않는다.

집으로 돌아오는 길에 차 안은 조용했다. 나는 어색했다. 심지어 아난다도 그걸 감지한 것 같았다.

"음, 영화는 어땠어?"

아난다가 말을 한다는 건 상황이 아주 안 좋다는 거다.

"좋았어."

내가 말하자 라즈도 똑같이 말했다.

"좋았어."

차가 우리 집 앞에 섰다.

"데려다줘서 고마워."

내가 예의 바르게 말했다.

"내일 봐."

라즈가 말했다.

현실 속 좀비

다음 날 학교에서 라즈를 보지 못했다. 내가 라즈를 피해 다녔기 때문이다.

그리고 그 애도 나를 피했다.

수업과 수업 사이에 지나쳐 간다 해도 서로를 알아보지 못하도록 앞만 보았다.

마치 우리가 현실 속 좀비로 변한 것 같았다.

이렇게 우정인 듯 우정 아닌 어색한 관계의 가장 안 좋은 점은 내가 기분이 안 좋을 때 주로 이야기를 나누었던 상대가 라즈라는 점이다. 지금은 그럴 수가 없다. 우리가 이야기를 하지 않으니까.

급식실에 가는 대신에 나는 자판기에서 그래놀라 바를 사서 과학 실험실로 갔다. 라즈를 보지 않기 위해 과학 프로젝트를 하는 척한 것이다. 날개 달린 초파리는 조금 느려진 것 같았다. 우울한 듯이. 나도 그들의 고통을 안다.

내 인생이 도달한 지점이 바로 여기다. 초파리와 노는 거.

내가 실험실에 있을 때 보통 햄 선생님은 과제물 채점을 하며 옆 교실에 있는데 오늘은 실험실에 있었다.

선생님이 내 그래놀라 바를 눈여겨보며 말했다.

"그건 배가 부를 것 같지 않은데."

"맞아요."

내가 인정했다.

햄 선생님은 커다란 라자냐를 먹고 있었다. 맛있어 보였다.

선생님이 라자냐를 절반으로 잘랐다.

"이거 좀 먹어 봐."

"고맙습니다."

우리는 몇 분 동안 라자냐를 먹었다. 아주 맛있었다. 닭고기와 시금치가 들어 있고 치즈로 둘러싸여 있었다.

"음, 〈템피스트〉 표를 미리 샀어."

"엄마가 정말 좋아하시겠네요."

고등학교에서 매진 공연을 하는 것은 힘든 일이다. 엄마는 가끔 점수에 반영한다며 학생들에게 연극을 보게 했다.

"연극은 재밌어. 나도 대학교 때 연극을 하고 싶었는데."

"정말요? 왜 안 하셨어요?"

선생님은 생각에 잠긴 얼굴이었다.

"난 질문이 너무 많았어. 왜 감독은 스포트라이트를 하나만 쓸까? 왜 미술부는 진짜 살아 있는 나무를 살 수 있는데 가짜 나무를 사용하는 걸까? 나 때문에 모두 미치려고 했지."

난 그걸 잘 안다. 연극에는 협동이 필요하지만 사공이 많으면 배가 산으로 가는 법이다.

"그때 나는 정말로 과학에 빠져 있었고 과학이 날 위해 있는 줄 알았어. 왜냐면 과학은 온통 질문투성이거든."

"저도 그래서 과학이 좋아요."

종소리가 울리자 난 자리에서 일어났다.

"저, 점심 감사해요. 맛있게 잘 먹었어요."

"그거 내가 개발한 새 조리법으로 만든 거야. 두부보다 양송이 버섯이 훨씬 나아."

내 입이 쩍 벌어졌다.

"버섯이라고요?"

"응. 네가 먹은 커다란 덩어리 있지? 그거 버섯이었어."

나는 완전히 어리둥절했다. 라자냐에서는 버섯 맛이 전혀 나지 않았다. 그리고 정말 맛있었다.

"전 그게 닭고기인 줄 알았어요."

선생님이 소리 내어 웃었다.

"오, 아냐. 난 요즘 채식주의자가 되려 하고 있거든."

누가 안 그러겠는가?

며칠이 지났다. 실험실은 지루해졌다. 나는 점심시간에 할아버지의 발자취를 따라 도서관에 갔다. 도서관에는 학생들이 여기저기 흩어져 있고, 대부분 컴퓨터로 작업을 했다. 할아버지도 똑같이 하고 있을 줄 알았는데 배리모어 사서 선생님과 책장에 책을 꽂고 있었다. 나는 몰래 엿들으려고 키 큰 책장 뒤로 숨었다.

"이건 정말 좋은 영화였어요."

할아버지가 책을 들고 말했다. 제목이 보였다. 『앵무새 죽이기』.

"그레고리 펙이 내게는 애티커스 핀치* 변호사야. 고인이 된 내 남편도 그 영화를 좋아했지."

배리모어 선생님이 다정하게 말했다.

할아버지는 궁금해하는 얼굴이었다.

"저, 재혼은 왜 안 하셨나요?"

대부분의 어른들은 "그건 개인적인 일이야." 하거나 "너랑은 상관없는 일이잖아."와 같이 말할 텐데 배리모어 선생님은 대답

---

* 『앵무새 죽이기』의 주인공

을 해 주었다.

"솔직히 말해서 남편의 죽음을 극복할 시간이 필요했어."

"네, 저도 알아요."

"남편은 오랫동안 아팠어. 파킨슨병을 앓았거든. 너무 힘들었어."

나는 박사 학위 두 개를 가지고 있지는 않지만 그것이 생각보다 훨씬 더 힘든 일이라는 걸 목소리로 알 수 있었다.

그러자 할아버지가 말했다.

"내 아… 아니 할머니가 암으로 돌아가셨을 때 할아버지도 계속 힘든 시간을 보냈어요. 길을 잃은 기분이라고 하셨죠."

배리모어 선생님은 한숨을 쉬었고 조금 슬픈 얼굴이 되었다.

"네 할아버지 말이 무슨 뜻인지 나도 정확히 알아. 나는 오랫동안 남편의 칫솔을 욕실에 간직했어. 정말 바보 같지?"

"전 바보 같다고 생각하지 않아요."

"할아버지는 지금 어떻게 지내서?"

할아버지는 신중하게 대답했다.

"조금 외로우신 것 같아요."

"나도 똑같아."

전날 밤에 점심 도시락을 쌌는데 아침에 급히 서두르느라 도시락을 학교에 가져오는 것을 깜빡했다. 또 자판기 그래놀라 바를 먹는다는 건 참을 수가 없어서 마음을 바꿔 급식실로 갔다.

일단 식판을 들자 어디에 앉을지 당황스러웠다. 우리가 항상 앉던 곳에 라즈는 없었다. 내가 모르는 아이들이 거기에 앉아 있었다. 사실 라즈는 어디에서도 보이지 않았다.

하지만 브리애나가 보였다. 브리애나는 혼자 앉아서 휴대 전화 화면을 스크롤하고 있었다. 나는 그 탁자로 향했다.

"여기 앉아도 될까?"

브리애나가 환히 웃었다.

"엘리! 물론이지!"

오늘 점심은 치킨 너겟이다. 한 입 베어 물었다. 딱딱하고 차가웠다.

"윽."

"바삭바삭 핫도그만큼은 아니지?"

브리애나가 놀렸다.

우리는 어렸을 때 바삭바삭 핫도그로 말장난을 하곤 했다.

"그날 저녁 식사는 아주 난리였어. 그렇지? 난 멜빈이 죽는 줄 알았다니까."

"그냥 나쁜 가스 때문이었대."

"멜빈은 내게 관심이 없는 것 같지?"

브리애나가 물었다.

"꼭 너여서가 아니야. 아무에게도 관심이 없거든."

브리애나는 고개를 젓고 한숨을 내쉬었다.

우리는 잠시 조용히 앉아서 영화를 보듯 급식실에서 일어나는 일을 지켜보았다. 한 손으로 식판의 균형을 맞추며 다른 손으로 전화를 들고 있는 키 크고 마른 아이가 있었다. 그 애는 휴대 전화를 들여다보며 사람들 사이를 빠져나갔다. 아니다. 곧장 다른 아이와 부딪쳐서 쟁반이 땅에 떨어졌다. 그 바람에 음식이 사방으로 튀었다.

브리애나와 나는 어쩔 수 없이 웃음을 터뜨리고 말았다. 끔찍한 일이다. 하지만 음식을 떨어뜨리는 아이를 보는 건 항상 재미있다.

"난 그 애가 식판을 떨어뜨리기 전까지는 조금 귀엽다고 생각했어."

브리애나가 말했다.

"라즈와 난 데이트를 했어."

내가 불쑥 말을 꺼냈다.

브리애나가 나를 보았다.

"네가 그 앨 좋아하는 건 알았어."

"하지만 다 엉망진창이야."

"왜? 무슨 일이 있었어?"

"그게 다야. 아무 일도 없었어. 우리는 영화를 봤고 지금은 말을 하지 않아. 그냥 이상한 기분이 들 뿐이야."

"아, 안됐다."

브리애나가 동정심이 깃든 목소리로 말했다.

내 옛날 베프에게 지금은 이야기를 나누지 않는 현재의 베프에 대해 얘기를 하고 있다니 이상하지 않은가.

브리애나가 자백했다.

"가끔 나는 어렸을 때가 그리워. 그땐 모든 게 쉬웠는데."

브리애나가 무슨 말을 하는지 나도 정확히 알았다.

내가 물었다.

"유치원 기억나? 숙제도 없었어! 우리가 하는 거라고는 놀다가 동물 모양 과자를 먹는 것뿐이었지."

"동물 모양 과자는 최고로 맛있었어! 왜 더 이상 그걸 먹지 않는 걸까?"

"몰라. 그런 게 바보 같은 규칙인가 보지. 우리가 크면 동물 모양 과자는 안 된다 같은 거."

브리애나가 날 보고 환히 웃었다.

"그래? 내가 내일 동물 모양 과자 가져올까?"

"그때 같은 맛이 날까?"

브리애나가 치킨 너겟이 든 내 식판을 가리켰다.

"뭐라도 저것보다는 나을 거야."

우리 둘은 깔깔깔 웃었다.

나쁜 꿈

나는 지진이 나도 잠을 잘 수 있을 거다. 하지만 고양이가 야옹거리는 소리에는 도저히 잠을 잘 수가 없다.

그 소리는 날 꿈에서 깨어나게 했다. 어쨌든 그것은 기이한 소리였다. 나는 학교에서 텅 빈 급식실을 돌아다니는 꿈을 꾸었다. 어디에 앉을지 결정할 수 없었고 아주 외로웠다. 그건 악몽이었다.

주위를 둘러보니 조너스가 닫혀 있는 내 침실 문 옆에 앉아 있는 게 보였다.

"나가고 싶어?"

내가 물었고 그다음 순간 그 모든 소리가 조너스가 내는 소리가 아니라는 사실을 깨달았다. 야옹 소리는 문 반대편에서 났다.

문을 여는 순간 범인이 밝혀졌다. 바로 오렌지색 얼룩고양이였다.

"좀 이른 시간 아니니?"

내가 그 고양이에게 물었다.

그 고양이는 신경 쓰지 않는 것 같았다. 그저 내 맨다리에 몸을 비벼 댈 뿐이었다.

"여기는 너희 집이 아니잖아."

나는 그렇게 말하고 부엌으로 걸어갔다. 두 고양이가 나를 졸졸 따라왔다.

조너스에게 물기가 있는 아침밥을 주자 오렌지색 얼룩고양이는 조너스가 먹는 걸 지켜보았다. 얼룩고양이에게 먹을 것을 주지 않는 것이 조금 걸렸지만 내가 먹을 것을 주면 바로 이사 올지도 모른다.

"난 학교에 가야 해. 너희들은 오늘 뭘 할 거야?"

내가 고양이들에게 물었다.

오렌지색 얼룩고양이는 꼬리를 돌려 고양이문으로 달려갔다. 조너스도 그 애를 쏜살같이 뒤따라갔다. 둘은 바깥으로 빠져나갔다.

"그게 대답인 것 같구나."

학교가 끝나면 버스는 붐빈다. 그리고 언제나처럼 비어 있는 유일한 자리는 라즈 옆자리뿐이다. 그 무법자 스타일이 조금 위협적인가 보다.

라즈를 지나쳐 가며 버스 뒤쪽에 다다를 때까지 나는 빈자리를 보지 못한 척했다. 물론 할아버지는 그 빈자리를 알아채고 무척 기뻐했다.

나는 기둥을 잡고 두 사람이 이야기하는 모습을 지켜보았다. 할아버지는 라즈에게 말하며 손을 마구 흔들어 댔다. 무슨 일이 있는 거지? 무슨 얘기를 하는 걸까? 내가 모르고 있는 게 있나? 나는 완전히 소외되었다.

라즈가 내릴 때까지 두 사람은 이야기를 나누었다.

마침내 우리가 내릴 정거장에 다다라 할아버지와 나는 버스에서 내려 집으로 걸어왔다.

"음, 라즈는 체스 대회 결승전까지 갔다고 하더라. 감동받았어. 그 애가 코에 구멍을 뚫고 다니기는 하지만 말이다."

나는 어깨를 으쓱할 뿐 아무 말도 하지 않았다. 할아버지가 나보다 라즈에 대해 더 많이 안다는 걸 믿을 수 없었다.

"넌 무슨 일이 있는 거야?"

할아버지가 물었다.

"아무 일도 없어요."

"이제 사춘기인가?"

"사춘기가 아니에요! 그런 말 하고 싶지 않아요."

할아버지가 잠시 나를 찬찬히 보았다.

"좋아."

할아버지는 그렇게 말했고 집에 가는 내내 침묵이 이어졌다.

집으로 걸어 올라가자 현관 계단 맨 아래에 햇볕을 쬐며 누워 있는 조너스가 보였다. 오렌지색 얼룩고양이가 조너스 옆에서 털을 골라 주었다.

"너희들 오늘 어떤 모험을 했어?"

내가 고양이들에게 물었다.

조너스가 내게 눈을 깜박여 보였다.

"안으로 들어와. 내가 너희 둘에게 간식을 줄게."

나는 현관문을 열쇠로 열었다. 오렌지색 얼룩고양이가 안으로 쏜살같이 들어갔다.

할아버지는 조너스를 보고 있었는데 이상하다는 표정을 지었다.

"들어와, 조너스."

내가 말했다.

내 목소리에 조너스가 고개를 들었다. 조너스는 앞발을 움직여 계단 위로 올라오려고 안간힘을 썼지만 뒷다리가 거기에 그대로 있었다. 조너스는 혼란스럽고 지친 표정이었다.

할아버지가 가만히 있다가 긴급하게 말했다.

"엘리, 엄마에게 전화해라."

수건으로 감싼 조너스를 안고 동물 병원 문을 들어서자 접수 계원이 책상을 돌아 나와 수의사 선생님을 소리쳐 불렀다. 그리고 즉시 조너스를 데려갔다.

엄마와 할아버지와 나는 대기실에서 애완동물을 데려온 다른 사람들과 함께 앉아 있었다. 대기실은 장난스러운 강아지들과 새끼 고양이 바구니들로 천장까지 귀엽게 꾸며져 있었다. 모든 것이 끔찍한 데자뷔* 느낌이었다. 이것은 응급실에 실려 온 할아버지의 동물 버전이었다.

마침내 우리는 조너스를 보러 갔다. 진찰실은 할아버지 때와 똑같이 소독약 냄새가 났다. 조너스는 정맥 주사 바늘을 꽂고 스테인리스 탁자 위에 누워 있었는데, 우리가 들어가도 고개를 들지 않았다.

강아지가 그려진 위생복을 입은 수의사 선생님이 말했다.

"얘가 지금 충격에 빠져 있고 신경 계통에 문제가 있어요. 언제 이 앨 마지막으로 봤나요?"

"오늘 아침에요. 오늘 아침에는 멀쩡했어요."

---

* 한번도 경험한 일이 없는 상황이나 장면이 언제 어디선가 경험한 것처럼 친숙하게 느껴지는 일

내가 대답했다.

"어쩌면 높은 곳에서 떨어졌을지도 모르겠어요."

"우리 집은 일 층이에요."

엄마가 눈물 젖은 목소리로 말했다.

"그리고 고양이문도 있는걸요!"

내가 덧붙였다.

의사 선생님은 생각에 잠긴 듯했다.

"그렇다면 차에 치였을 가능성이 가장 높군요. 동물들이 외상을 입으면 이런 경우가 많아요."

엄마가 내 손을 꼭 쥐었다.

수의사 선생님은 조너스를 신중하게 지켜보았다.

"뒷다리가 마비된 것 같으니 검사를 더 해 봐야겠어요. 검사가 다 끝나면 부를게요. 그런 후에 다음 단계를 얘기해 봐요."

집으로 돌아오는 길에 창밖을 내다보았다. 이런 일이 어떻게 일어났지? 눈 깜짝할 사이에 모든 것이 달라져 버렸다.

엄마가 긍정적이 되려고 애를 썼다.

"그 의사 선생님 똑똑해 보이더라. 조너스에게 큰 도움이 될 거야."

하지만 늘 자기 의견이 있는 할아버지는 아무 말도 하지 않았다.

무엇이든 하겠어요

다음 날 학교에서는 모든 것이 안갯속이었다. 뭔가 하기는 하는데 집중이 되지 않았다. 조너스가 다쳤는데 어떻게 수학에 신경을 쓸 수 있겠는가? 마지막 수업인 과학 시간까지 그런 상태였다. 그때 햄 선생님의 타이가 보였다. 거기에 고양이가 있었다.

나는 화장실로 가서 토했다.

햄 선생님이 나를 보건 선생님에게 보냈다. 보건 선생님은 날 소파 침대에 눕히고 물을 주었다. 나는 보건 선생님에게 무슨 일이 있었는지 말했고 선생님은 동정심을 보였다. 선생님은 주말에 응급실에서 일한다.

"때때로 이런 일이 일어나더라. 아직 포기하지 마."

방과 후에 동물 병원에 갔다. 그때까진 여전히 희망적이었다. 하지만 수의사 선생님의 얼굴을 보자 희망이 산산이 부서졌고 세상의 그 어떤 풀로도 붙일 수 없었다.

"미안합니다. 좋아 보이지 않네요."

"척추가요?"

할아버지가 물었다. 꼭 의사처럼.

"응."

"그럴 줄 알았어."

할아버지가 중얼거렸다.

엄마가 흑 하고 흐느꼈다.

"내가 좀 봐도 되나요?"

내가 조용히 물었다.

"그럼."

조너스는 푹신푹신한 우리에 누워 눈을 감고 있었다. 숨도 쉬지 않는 것처럼 보였다. 발에 정맥 주사를 맞고 있었다.

"얼마나 살 수 있죠?"

엄마가 물었다.

"말씀드리기 힘듭니다. 이런 경우라면 하루나 이틀 정도 버틸 수 있어요. 아니면 우리가 잠들게 할 수도 있습니다."

"무슨 말씀이세요!"

내가 소리쳤다.

의사 선생님은 이런 일에 익숙하다는 듯이 날 보았다.

"우리가 진통제와 수액을 줄 수는 있어. 하지만 나아지지는 않을 거야. 척추가 심하게 손상되었거든."

엄마가 작은 소리를 냈다. 우는 것 같았다.

"항생제는요? 페니실린 같은 거는요?"

내가 물었다.

의사 선생님은 그냥 나를 보기만 했다.

이런 일은 모두 아주 빠르게 일어났다. 난 그걸 받아들일 수 없었다.

"이 애를 잠들게 하고 싶다는 거예요?"

내가 소리쳤다. 나는 조너스를 보았다.

"이 애는 싸우고 있어요. 난 안단 말이에요!"

"우리끼리 의논을 해 봐야겠어요."

엄마가 말했다.

그러자 선생님은 너무나 친절하게 말했다.

"천천히 하셔도 됩니다."

엄마는 할아버지와 나를 차로 집에 데려다주었다. 엄마는 오늘 밤에 의상 리허설이 있어서 학교로 돌아가야 했다. 어젯밤에 취소했기 때문이었다.

"정말 끔찍한 타이밍이야."

나는 이해한다는 듯이 고개를 끄덕였다. 하지만 진짜 이해한 것은 아니었다. 이런 일이 일어나기에 좋은 시간이 어디 있겠는가?

엄마가 말했다.

"아침에 결정하자. 전화할게."

결국 나와 할아버지만 남았다. 나는 신경이 곤두서 있었다. 가만히 앉아 있을 수가 없었다. 바쁘게 뭔가를 해야 했다.

"내가 저녁을 만들게요."

"좋은 생각이야."

부엌은 엉망진창이었다. 지난 24시간 동안 완전히 방치되어 있었으니까. 나는 식기세척기에서 그릇을 꺼내 더러운 냄비와 팬을 씻은 다음 조리대를 닦았다. 부엌이 깨끗해지면 깨끗해질수록 마음이 차분해졌다.

나는 넘쳐 나는 쓰레기봉투를 쓰레기통에서 꺼내 차고로 가져갔다. 구석에 있는 깊은 냉동고에 눈이 닿자 갑자기 너무나 명확해졌다.

집 안에 들어가자, 할아버지는 소파에 앉아 있었다.

"아흘로틀 말이에요."

내가 말을 꺼냈다.

할아버지는 내가 그 말을 할 줄 알고 있었던 듯 무겁게 한숨을 내쉬었다.

"그게 날개와 맹장을 자라게 했잖아요. 척추도 자라게 하지 않겠어요?"

"잘 모르겠어."

할아버지가 인정했다.

하지만 나는 내가 할 일을 알았다.

"제발 해 주세요!"

할아버지가 내게 주의를 주었다.

"엘리, 이건 아주 신중하게 생각해야 해. 잘 되리라는 보장이 없어. 어쩌면 조너스를 다치게 할지도 몰라. 동물은 고통스러워도 말을 할 수가 없잖아."

나는 조너스가 고통스러워할지도 모른다는 생각에 움찔했다. 하지만 어떻게 해야 할까? 조너스가 살기를 바라며 고통스럽게 만들어야 하나? 아니면 조너스가 마지막 며칠을 보내고 죽게 내버려 둬야 하나? 갑자기 할아버지와 엄마가 할머니로 인해 겪었던 일을 더 잘 이해하게 되었다. 이런 걸 선택해야 한다니. 모든 것이 끔찍했다.

그때 소파와 보풀이 인 담요가 눈에 들어왔다. 거기에 우리 고양이가 웅크리고 있는 모습이 떠올랐다. 나는 시도도 하지 않고 그 앨 죽게 둘 수는 없다는 걸 알았다. 그래서 할아버지의 마음을 흔들어 놓을 말을 했다.

"조너스를 살릴 수만 있다면 무엇이든 하겠어요."

할아버지는 눈을 감은 채 고개를 끄덕였다.

우리는 택시를 타고 동물 병원으로 갔다. 병원에 도착해서 할아버지가 이야기를 했다. 마지막 밤을 조너스와 집에서 보내고 싶다고. 엄마가 차에서 기다린다고 했다. 수의사 선생님은 조금도 놀라지 않았다.

"많은 사람이 그렇게 해. 나도 항상 그러라고 하지. 작별 인사를 할 기회니까."

우리는 택시를 타고 집으로 돌아왔다. 이번에는 우리 고양이와 함께. 걱정과 희망 사이에서 감정이 왔다 갔다 했다.

"다 잘될 거야."

내가 조너스에게 속삭였다.

나는 조너스를 우리에서 꺼냈다. 그리고 그 애가 가장 좋아하는 담요와 함께 소파 위에 있는 수건 더미에 조너스를 올려놓았다. 조너스는 혼란스러운 표정이었지만 할아버지가 자기 척추에 바늘로 아홀로틀을 주사해도 꿈쩍도 하지 않았다.

일을 끝낸 후에 할아버지는 저녁을 먹으려고 중국 음식을 시켰다. 나는 이 일이 시작된 후 처음으로 배가 고팠다. 조너스에게 닭고기를 좀 먹여 보려 했지만 먹지 않았다.

엄마가 전화를 했을 때 할아버지는 다 좋다고 말했다. 우리는 거실에서 담요에 누워 있는 조너스와 함께 소파에 앉아 텔레비전을 보았다. 무슨 일이 일어나는지 집중할 필요가 없는 변호사 쇼가 위안이 되었다.

바깥 어디에선가 올빼미가 우는지 열린 창문으로 올빼미 소리가 들렸다.

처음으로 조너스가 고개를 들었다.

"조너스를 밖으로 옮겨도 될까요?"

할아버지에게 물었다.

"그래."

할아버지가 확신을 주었다. 우리는 조너스와 함께 데크에 앉았다. 맑은 밤이었고 하늘에는 별이 총총했다.

"저게 혜성인가요?"

하늘을 빠르게 움직이는 불빛을 가리키며 물었다.

"아주 빠르게 움직이는구나. 아마 인공위성일 거야. 혜성은 꼬리가 달려 있거든."

"고양이처럼요."

우리는 잠시 아무 말도 하지 않았다. 조너스는 밖에 있는 걸 맘에 들어하는 듯 보였고 모든 소리에 반응하며 주위를 둘러보았다.

그때 불쑥 할아버지가 말했다.

"이런 걸 '하늘 살피기'라고 했는데."

"누가요?"

"캐럴라인 허셜은 밤하늘 관찰을 '하늘 살피기'라고 했어. 난 항상 그 구절을 좋아했지."

할아버지의 말이 이해가 되었다. 과학적인 것이 마법처럼 들렸다.

"저도 맘에 들어요."

우리 셋은 엄마가 집에 올 때까지 거기에 앉아 있었다. 하늘을 살피고 있을 때 부드러운 밤공기가 곁에 머물렀다.

잔인한 시간

잠에서 깼을 때 블라인드 가장자리로 밝은 빛이 쏟아져 방이 따스하게 빛났다. 아침이었다. 해가 빛났다. 상쾌한 날. 나는 희망에 부풀었다. 그리고 고개를 숙여 바닥에 있는 조너스를 보았다.

조너스가 숨을 이상하게 쉬었다. 헐떡헐떡. 개처럼.

조너스 쪽으로 몸을 굽혀 물었다.

"조너스, 왜 그래?"

하지만 조너스는 입을 벌려 분홍색 혀를 내밀고서 숨만 헐떡거렸다. 조너스가 괜찮지 않다는 걸 알 수 있었다.

"할아버지!"

내가 소리쳤다.

잠시 후에 할아버지가 왔다. 이미 학교에 갈 옷차림이었다.

"엘리?"

"조너스가 이상해요!"

할아버지가 조너스의 배를 부드럽게 만져 보았다.

"호흡기 곤란이 있는 모양이야. 척추 손상이 있어서."

"그러니까 결국 효과가 없었던 거예요?"

할아버지는 손으로 부드럽게 조너스 꼬리 근처의 척추를 따라 만져 보고 뒷발바닥도 만져 보았다. 우리 고양이는 움직이지 않았다. 고양이 몸의 뒤쪽 모두가 축 처진 걸레처럼 보였다.

할아버지가 날 보았다. 얼굴은 어렸지만 눈은 나이 들어 보였다.

"엘리, 척추에 손상이 너무 컸나 봐."

"시간을 더 줄 수는 없나요?"

나는 필사적으로 물었다.

"시간이 있어도 고쳐지지는 않아. 미안하다."

조너스가 숨을 헐떡거리는 모습을 지켜보았다.

나도 미안했다.

모두가 도움을 주었다. 접수원은 엄마가 서류를 작성하도록 도왔고 보조원은 우리에게 화장지를 가져다주었다. 수의사 선생님은 밖으로 나와서 앞으로 일어날 일에 대해 질문이 있는지 물었다.

하지만 내 질문에는 아무도 답할 수 없었다. 왜 내 고양이가 죽어 가죠? 모두가 이 일에 어떻게 이렇게 침착할 수가 있어요?

사람들은 우리를 작은 진찰실로 데려갔다. 거기에는 주삿바늘들이 담긴 쟁반이 있었다. 누군가 스테인리스 탁자 위에 두꺼운 벨벳 담요를 놓아두었다. 조너스는 눈을 감고 이미 거기에 누워 있었다.

"안녕, 조너스."

내가 속삭였지만 내 말이 들리지 않는 것 같았다.

"저 애와 같이 있고 싶니?"

수의사 선생님이 내게 물었다.

나는 거기에 누워 있는 조너스를 본 다음 수의사 선생님을 보았다. 나는 자기 자신에게 황열병 바이러스를 주사하는 그런 과학자들처럼 용감하지 않다. 완전히 겁쟁이다. 나는 고개를 저었다.

"괜찮아. 내가 있을게."

할아버지가 굵은 목소리로 말했다.

"나도 같이 있을래."

엄마가 덧붙였다.

할아버지가 엄마를 보고 고개를 끄덕였다.

"밖에서 기다려, 아가."

엄마가 내게 말했다.

나는 뒤도 돌아보지 않고 방에서 달려 나갔다.

할아버지가 조너스에게 노래를 불러 주었다.

"괜찮을 거야, 친구야."

이번만은 사건이 일어나기를 바라지 않았다. 모든 것이 다시 지루한 일상으로 돌아가기를 원했다. 학교에 있을 수 있다면. 2교시 수학 시간에 시험을 치렀으면. 오래된 잡지를 읽는 척하며 여기에 앉아 있지만 않는다면 어떤 것이든 다 할 수 있었다.

시간이 천천히 갔으면 싶다가 반대였으면 싶다가 다시 돌아갔으면 싶었다. 하지만 벽에 걸린 시계는 잔인했다. 똑딱거리며 일 분, 이 분, 삼 분, 사 분이 지나갔다. 분침이 또 한 번 가기 전에 할아버지가 팔을 둘러 엄마를 부축한 채 걸어 나왔다. 엄마 얼굴에 눈물이 흘렀다.

나는 내 고양이가 영원히 떠나 버렸다는 걸 알았다.

모든 것 때문에

조너스의 죽음은 폭풍우 같았다. 천둥이 치고 비가 내리고 번개가 번쩍했다. 그리고 그런 다음 끝났다. 웅덩이가 마르고 모든 사람이 그 일이 전혀 없었던 것처럼 자기 길을 갔다.

나만 빼고.

우리 집은 느낌이 달라졌다. 차가웠다. 심장을 잃어버린 것 같았다. 조너스를 떠올리게 하는 작은 것들이 계속 나왔다. 침대 밑에 있는 고양이 장난감. 식품 저장실의 검은콩 뒤에 있던 먹이 캔 하나. 소파 위 보풀이 인 그 애의 담요. 가장 안 좋은 경우는 오렌지색 얼룩고양이가 와서 주위를 살금살금 걸어 다니는 때이다. 얼룩고양이는 조너스가 나타나기를 기다리며 고양이문 밖에서 야옹거린다.

하지만 당연히 조너스는 나타나지 않는다.

학교는 집보다는 낫다. 수업과 시험과 냄새나는 체육복뿐이다. 그건 예상 가능한 일이어서 생각하거나 느낄 필요가 없었다.

내 사물함 앞에서 날 기다리는 라즈를 보기 전까지는.

왜 그런지는 모르지만 그 애를 보는 것이 마음 아팠다.

라즈가 낮은 목소리로 말했다.

"엘리, 조너스 얘기 들었어."

"그랬어?"

나는 놀랐다.

"멜빈 할아버지가 말해 주었어."

그 애 눈 속에서 뭔가가 번득였다.

"정말 유감이야."

유감이라고? 나는 이상하게도 화가 났다. 세상과 그 애에게.

"퍽이나 그랬겠네."

내가 퉁명스레 말했다.

라즈의 입이 떡 벌어졌다.

"뭐? 난 조너스를 좋아했어!"

"그렇게 조너스가 좋았으면 그 애가 다쳤을 때 보러 왔어야지. 안 그래?"

"난 알지도 못했어!"

라즈는 화가 나서 소리쳤다.

"넌 내게 말을 걸지도 않았잖아!"

"너도 내게 말을 걸지 않았잖아!"

우리는 서로를 노려보았다.

종소리가 울렸고 나는 사물함 문을 세게 닫았다.

그리고 그 자리를 떠났다.

〈템피스트〉 공연 날 밤이었다. 엄마가 보러 오라고 했다. 기분 전환에 좋을 거라고 했다.

프로스페로를 연기하는 아이가 대사를 다 외웠고 무대 배경이 아름다웠다. 특히 바다 장면이. 배우들은 기립 박수도 받았다. 하지만 연극이 끝나자 나는 기분이 더 안 좋아졌다. 내 인생이 〈템피스트〉 연극처럼 좋지 않으리라는 걸 깨달았기 때문이다. 모두가 행복하고 마지막에 같이 모이는 대신에 모든 것이 산산조각 나고 있었다. 조너스는 죽었고 라즈와 나는 깨졌다. 셰익스피어가 나에 대해 희곡을 쓰면 비극이 될 것이다.

내가 가장 좋아하는 멕시코 음식점에서 사 온 음식으로 공연 축하를 했다. 하지만 나는 배가 고프지 않았다. 부리토를 좋아하는데도. 할아버지가 다른 사람 대신에 충분히 먹어서 문제가 되지는 않았다.

엄마가 수다를 떨었다. 다음 시즌에 할지도 모르는 뮤지컬에 대해 이야기를 했다. 아빠에 대해서도 이야기하면서 이번 주말에 아빠가 어떻게 집에 올지에 대해 말했다. 엄마는 이야기를 하고 하고 또 했다. 그러는 내내 나는 그냥 내 접시만 보았다. 고개를 들면 탁자 맞은편에 조너스가 앉아 있던 텅 빈 의자를 보게 될 것이다. 그러면 동물 병원의 진찰실과 암모니아의 강한 향이 기억날 테고 그러면 메스꺼울 수도 있기 때문이다.

"그러니까 내가 이런 멋진 생각을 했단다, 엘리."

엄마가 말했다.

"토요일에 동물 보호소에 가서 개를 좀 보는 거야."

"개를 본다고?"

내가 따라 말했다.

"벤과 내가 이야기를 나누었는데 네가 개를 가지고 싶다면 그렇게 하는 게 좋겠다고 결정했어."

"난 개를 원하지 않아."

엄마는 어리둥절한 표정을 지었다.

"하지만 넌 항상 개를 원했잖아!"

나는 엄마가 이렇게 하는 걸 믿을 수가 없었다.

"조너스를 개하고 바꿀 수는 없어!"

내가 소리쳤다.

"그 애는 대체 불가능하다고!"

"물론 그렇지. 네가 과민 반응을 보이는 거야."

엄마가 달래듯이 말했다.

나도 모르게 할아버지가 했던 말이 내 입 밖으로 나왔다.

"나는 인간이야! 깊이 느낀다고! 엄마는 지금 모든 게 좋은 것처럼 행동하잖아. 조너스가 처음부터 여기에 없었던 것처럼. 내 고양이가 죽은 걸 왜 아무도 신경 쓰지 않아?"

"얘, 난 돕고 싶었을 뿐이…."

"난 도움 같은 건 원치 않아! 조너스를 원해!"

나는 소리치며 뛰쳐나갔다.

주말이었다. 나는 잠에 빠져 세상을 잊었다. 초인종 소리에 잠이 깼다. 침대 위 다리 근처에서 덩어리가 느껴져 한순간 조너스인 줄 알았다. 눈을 떠 보니 작은 쿠션이었다.

침실 문이 열리고 다정한 목소리가 들렸다.

"어이, 잠꾸러기."

아빠였다.

"낮 열두 신데 아직 침대에 있어?"

아빠를 보니 아주 기뻤다. 나는 잠자리에서 일어나 아빠를 안았다.

"아빠!"

아빠가 내 머리카락을 헝클어뜨렸다.

"잘 있었어, 우리 아기?"

"아니."

"그래. 엄마가 그렇다고 하더구나. 조너스 일로 힘들었겠어. 착한 고양이였는데."

"최고였지."

아빠가 내게 가방을 건넸다.

"오는 길에 너 주려고 샀어."

가방을 열어 보니 야간 등이었다. 빨간 갓이 달린 버섯처럼 생겼다.

"하하."

"못 참고 샀지."

아빠가 말하며 씩 웃었다.

"그래, 하루 종일 잘 거야, 아니면 옷 갈아입고 여기서 나가서 모험을 할 거야?"

모험이라는 말이 더할 나위 없이 좋게 들렸다.

"모험."

내가 대답했다.

우리는 산타크루즈까지 해안 도로를 따라가, 해변 보도의 놀이공원으로 갔다. 내가 어렸을 때 자주 하던 일이었다. 동물 모양 과자처럼 그러기에는 다 컸다고 생각했지만 틀렸다. 아주 재미있었다.

사방에 관광객이 있고 팝콘과 솜사탕 냄새가 났다. 우리는 바다표범을 멍하니 바라보고 낡은 나무 롤러코스터를 탔다. 아빠가 그릇에 탁구공을 넣어서 하는 게임에서 금붕어를 상으로 받아서 내게 주었다. 해가 질 무렵 나는 다시 나 자신으로 거의 돌아온 것 같았다.

집으로 가는 길에 저녁을 먹으러 식당에 들렀다. 물론 새 금붕어를 가지고 들어갔다.

음식을 주문한 후에 새 금붕어를 뭐라고 부를까 논쟁을 벌였다.

"골디는 어때요?"

내가 물었다. 과거에 내가 금붕어에 매번 붙였던 이름이었다.

"새로운 이름을 생각해 봐."

아빠가 제안했다.

"프로스페로는 어때요?"

"〈템피스트〉에 나오는? 좋아."

아빠가 씩 웃었다.

"너 잠들게 하려고 셰익스피어를 읽어 주던 그 밤들이 드디어 보상을 받는구나."

여자 종업원이 우리 음식을 가지고 나타났다.

"여기 있습니다. 꼬마 아가씨에게는 베이컨 양상추 토마토 샌드위치, 신사분에게는 루벤 샌드위치입니다."

"고마워요."

아빠가 말했다.

"아, 그리고 기본 칩이 떨어져서 바비큐 칩으로 가져왔는데, 괜찮으실지 모르겠어요."

"맛있겠는데요."

아빠가 먹기 시작했다.

하지만 나는 칩을 보자 라즈 생각이 났다. 오늘의 모든 행복이 순식간에 사라지고 슬픔이 마구 몰려왔다.

"안 먹을 거야?"

아빠가 물었다.

내 뺨 위로 눈물이 흘러내리기 시작했다. 더 이상 참을 수가 없었다. 그것은 홍수였고 폭풍우였고 허리케인이었다.

"엘리, 애야."

아빠가 걱정스럽게 물었다.

"무슨 일이야?"

나는 고개를 숙이고 울었다.

조너스 때문에.

라즈와 나 때문에.

모든 것 때문에.

우리의 가설

학교 가기 전에 욕실에서 머리를 다듬느라고 애를 썼지만, 어떻게 해도 맘에 들지 않았다. 최근에는 잘되는 일이 없다.

할아버지가 문틈으로 소리쳤다.

"면도칼 하나 빌릴 수 있을까?"

"기다리세요."

캐비닛을 훑어보니 보이는 건 엄마가 쓰는 분홍색 면도칼뿐이었다.

"여기 있어요."

문을 열고 면도칼 하나를 내밀었다.

"이건 다리에 쓰는 건데요, 효과는 있을 거예…."

나는 말을 하다 말고 멍해졌다.

밤사이에 할아버지의 수염이 수북하게 자라 있었기 때문이다.

꼭 빅풋* 같았다.

"무-무-무슨 일이…?"

나는 말을 다 끝낼 수가 없었다.

"확실히 아홀로틀이 사춘기를 빠르게 지나가게 하는 것 같아."

할아버지가 짜증스러운 목소리로 말했다.

"확실히 그러네요."

할아버지는 내 손에서 면도기를 낚아채서 통로로 걸어갔다.

나는 할아버지의 뒷모습을 보며 서 있었다.

할아버지가 걸음을 멈추고 돌아보며 물었다.

"혹시 면도 크림 있어?"

햄 선생님이 우리 반에 알렸다.

"토요일 오전 10시에 과학전람회 문을 엽니다. 여러분의 프로젝트는 다목적실에 설치될 텐데 9시 45분까지는 준비해야 한다는 걸 명심하세요. 사람들이 많이 올 것으로 기대하고 있습니다."

---

* 북미 서부에 산다고 하는, 온몸이 털로 덮인 원숭이

할아버지와 나는 여전히 모든 것을 기록해야 했다. 그래서 방과 후에 작업을 하려고 남았다. 초파리를 확인하던 우리는 엄청 놀라고 말았다. 날개 달린 초파리들이 죽어 갔기 때문이다. 바닥에 죽은 초파리들이 쌓였고, 몇 마리만 아직 유리에 붙어 있거나 날아다녔다.

"과학전람회가 곧 열리게 되어 다행이야."

할아버지가 병 속을 들여다보며 말했다.

"나머지도 한 주 정도밖에 못 버틸 것 같아."

"왜 죽어 갈까요?"

"배양 물에 있는 곰팡이 때문에."

할아버지가 보풀이 인 헝겊 조각이 든 병을 가리키며 말했다.

"저게 초파리를 죽여."

눈으로 뻔히 보면서도 나는 초파리 역시 죽어 간다는 걸 믿을 수 없었다! 알렉산더 플레밍이 이 일에 대해 뭐라고 할지 궁금했다.

"결론이 뭐예요?"

내가 대들었다.

"결론이라니?"

"시도를 해 봤자 소용이 없잖아요!"

나는 초파리를 향해 손을 흔들며 말을 이었다.

"하는 실험마다 다 실패했어요! 조너스는 죽었고요! 황열병 과학자들도요! 할머니도! 그리고 이제는 초파리도 죽어 가요! 과학이 한 게 뭐가 있어요?"

할아버지가 뒤로 기대앉아 한숨을 쉬었다.

"맞아. 실험은 다 실패했어. 하지만 실패도 실험의 일부야. 실수해도 괜찮아."

"괜찮지 않아요! 라즈와 내게 무슨 일이 일어났는지 보세요!"

할아버지가 눈을 가늘게 떴다.

"라즈와 너 사이에 정확히 무슨 일이 '일어난' 거야?"

내게서 힘이 쏙 빠져나가는 기분이었다. 나는 의자에 털썩 주저앉아 바닥을 내려다보았다.

"내 가설은 완전히 틀렸어요."

내가 투덜거렸다.

"네 가설이 뭐였는데?"

할아버지가 차분하게 물었다.

"우리가 서로에게 완벽하다는 거요. 영혼의 짝처럼."

"알겠다."

할아버지는 생각에 잠긴 얼굴이었다.

"너는 과학자야. 네 자료를 내게 설명해 봐."

"우리는 이상한 영화 데이트를 했어요. 그 뒤로 우리는 서로 말도 안 하고 아무것도 안 해요."

"그래서 결론은 뭐지?"

"몰라요!"

"그러면 친구로는 좋았니?"

나는 할아버지가 이런 질문을 한다는 것만으로도 좌절했다. 그건 완벽하게 분명하지 않나?

"친구로는 훌륭했죠!"

"그렇다면 결론은 확실한 것 같은데."

난 할아버지가 무슨 말을 하는지 깨닫고 할아버지를 보았다.

"우리는 영혼의 짝으로는 안 맞았던 거군요."

내가 천천히 말했다.

"우리는 최고의 친구로 있어야 했던 거예요!"

할아버지가 빙긋 웃었다.

"알겠니? 네 실험은 실패했지만 넌 실험을 통해 뭔가를 배웠어."

"할아버지는 아주 똑똑해요!"

"음, 난 박사 학위가 둘이야."

난 할아버지를 꼭 껴안았다.

"이제 이 과학 실험을 계속하자. 그런데 너희는 데이트하기에는 너무 어려. 십 대 남자애들은 손에 땀이 너무 많잖아. 너도 알다시피."

영화와 연극은 항상 등장인물이 영원한 사랑을 크게 외치는 장면이 있다. 영원한 우정을 크게 외치는 이야기는 아무도 쓰지 않는다. 어쩌면 로미오와 줄리엣도 처음부터 친구였다면 행복하게 끝이 났을지 모른다.

나는 라즈에게 어떻게 다가가야 하는지 몰랐다. 전화를 할까? 문자를 할까? 커피 한잔 마시자고 할까? 결국 나는 화해의 선물로 라즈의 사물함에 바비큐 칩 봉지를 넣었다. 그게 무슨 뜻인지 라즈는 알 테니 쪽지도 남기지 않았다.

하지만 시간이 갈수록 걱정이 되기 시작했다. 우리가 너무 멀리 와 버린 건 아닐까? 이 실험에서 우리의 우정이 다 파괴되어 버렸으면 어쩌지? 배가 점점 더 조여 왔다. 급식실에 들어서서 라즈가 우리가 앉던 탁자에 앉아 있는 걸 보았다.

라즈 맞은편 빈자리와 함께.

나는 걸어가서 말도 없이 그 의자에 살그머니 앉았다.

"안녕."

라즈가 인사했다.

"안녕."

나도 인사했다.

우리 둘 다 잠시 가만히 앉아 있었다.

"내 생각에 우리는 예전으로 돌아가야 할 것 같아. 친구 사이로."

내가 불쑥 말했다.

안도하는 표정이 라즈의 얼굴을 스쳐 지나갔다.

"좋은 생각이야."

라즈가 동의했다.

우리 둘 다 빙긋 웃었다.

"칩 먹을래? 내 사물함에서 발견했거든."

"누가 사물함에 바비큐 칩을 넣었어? 누굴까?"

"그야 모르지."

라즈가 웃으며 대답했다. 그리고 덧붙여 말했다.

"저기, 난 머리 전체를 염색할 생각이야."

"진짜?"

라즈가 고개를 끄덕였다.

"무슨 색으로?"

"잘 모르겠어. 어쩌면 자홍색."

"초록만 아니면 돼. 레프러콘*처럼 보이고 싶지 않으면."

라즈가 소리 내어 웃었다.

우리는 앉아서 머리 색에 대해 토론하고 종소리가 울릴 때까지 바비큐 칩을 먹었다.

친한 친구들이 하는 게 그런 거니까.

---

* 아일랜드의 전설에 나오는 요정

허셜

 토요일 아침이 되었다. 나는 과학전람회 때문에 늦잠을 자지 않고 일찍 일어났다. 엄마는 하얀 실험실 맞춤 가운으로 할아버지와 날 깜짝 놀라게 했다.
 "이런 걸 어디서 구했어?"
 내가 엄마에게 물었다.
 "사랑스럽지 않아?"
 엄마가 신이 나서 이야기했다.
 "의상 담당 친구 한 명에게 찾게 했지."
 주머니 위에는 이렇게 수가 놓여 있었다.

멜리 팀

"멜리가 뭐야?"

할아버지가 물었다.

"멜빈과 엘리가 멜리잖아요. 귀엽죠, 그렇죠?"

할아버지와 내가 눈빛을 교환했다.

"우리가 새로운 종일 수도 있겠네요."

내가 말했다.

과학전람회는 다목적실에서 열렸는데, 우리 지역 모든 곳에서 많은 사람이 왔다. 프로젝트는 꽤 멋있었고 빗방울 측정부터 쓰레기 재활용, 베이킹 소다와 식초 로켓까지 다양했다. 꽤 많은 아이들이 곰팡이를 길렀다. 곰팡이는 내 생각보다 인기가 많았다.

그래도 이 붐비는 방에 서 있는 게 조금 슬펐다. 할아버지와 함께한 프로젝트가 우리 예측보다 대단했음에도 불구하고 전시할 수가 없었기 때문이다. 우리 발견이 학교 과학전람회에 내놓기에는 너무 대단하다는 할아버지 말에 나도 동의했다.

그 대신에 우리는 우리 실험의 한 부분만 전람회에 내놓았나.

햄 선생님이 걸어와서 우리 탁자를 확인했다.

"'점심으로 먹는 치킨 너겟이 초파리의 성장에 미친 영향력'"

선생님이 읽어 내려갔다.

"흥미로운걸."

"감사합니다."

"그래 발견한 게 뭐지?"

"치킨 너겟 배양 물을 먹은 초파리는 먹지 않은 초파리보다 빨리 죽었어요."

내가 대답했다.

"그건 놀랍지 않아."

선생님이 말하며 한쪽 눈을 찡긋했다.

"선생님들이 왜 학교에 점심을 싸 온다고 생각해?"

결국 우리는 상을 받지 못했다. 심지어 후보에도 오르지 못했다. 감자를 이용해서 건전지를 만든 아이가 우승했다. 나는 적어도 추가 학점을 받는 것에 위안을 삼으려고 했지만 여전히 조금은 실망스러웠다.

"공정하지 않아요. 우리는 맹장도 자라게 했는데."

할아버지와 나는 부엌에서 전자레인지에 데운 부리토를 먹었다. 할아버지는 내 기운을 북돋워 주려고 애를 썼다.

"진짜 과학자는 자기 시대에 인정을 받지 못해. 알렉산더 플레밍이 처음으로 페니실린을 발견했을 때 큰 관심을 보인 사람이 없었다는 건 알고 있지?"

"정말요?"

"그래. 17년이 지날 때까지 노벨상 후보에도 오르지 못했어."

"제가 17년이나 기다려야 한다고요? 그때면 나이 든 여자가 될 텐데요."

할아버지가 가만히 날 바라보았다.

"진심으로 한 말은 아니겠지?"

초인종이 울려서 내가 문을 열었다.

초인종을 누른 사람은 큰 오렌지색 얼룩고양이를 안은 우리 이웃이었다.

"안녕! 엄마 안에 계시니?"

잠시 후에 엄마가 문가로 나왔다.

"미리 찾아뵙지 못해서 죄송해요."

이웃 아저씨가 사과했다.

"기술 분야 일을 하는데 미친 듯이 지냈거든요. 전 아트입니다."

"만나서 반가워요. 전 리사이고 애는 엘리예요."

"아, 그래요. 이게 첫인사이자 마지막 인사가 되겠네요."

아트 아저씨가 어색한 얼굴로 말했다.

"제가 싱가포르에 직장을 구했어요. 모레 떠납니다."

"축하해요! 좋으시겠어요."

엄마가 말했다.

"감사합니다! 정말 좋아요."

아트 아저씨가 말했다.

"그런데 떠나기 전에 여기에 들르고 싶었어요. 우리 코너가 항상 댁의 고양이와 놀더라고요."

"우리 고양이는 죽었어요. 차에 치였거든요."

"오, 이런. 유감이에요. 최근에 왜 보이지 않나 궁금했죠."

우리는 아무 말도 하지 않았다.

그러자 아트 아저씨가 말했다.

"코너를 데리고 갈 수가 없어서요. 동물 보호소에 데려가기 전에 혹시 이 애를 원하나 알아봐야겠다고 생각했어요."

"동물 보호소요?"

엄마가 물었다.

아트 아저씨 얼굴에 미안한 빛이 떠올랐다.

"내 친구들은 아무도 얘를 맡지 못해요. 내가 아는 사람은 다 알아봤어요. 이 집이 마지막 희망이죠."

나는 그 고양이를 보았다. 그 애는 아기 고양이가 아니다. 나이가 들었다. 분실물 센터에서 볼 수 있는 그런 고양이이다. 뒤에 남고 잊히는.

엄마가 주저했다.

"우리가 다른 고양이를 맞을 준비가 되어 있는지 잘 모르겠네요. 제 말이 무슨 뜻인지 아시죠?"

"그럼요. 물론이죠."

아트 아저씨가 재빨리 대답했다.

"어쨌든 한번 알아보고 싶었어요. 만나서 반가웠습니다. 댁의 고양이 일은 정말 유감입니다."

"제가 좀 안아 봐도 될까요?"

내가 물었다.

"물론이지."

아트 아저씨가 내 품에 뚱뚱한 오렌지색 얼룩고양이를 안겨 주었다.

"한번 안아 봐. 그 애가 맘에 드는지."

아저씨가 그 말을 하는 방식이 웃겼다. 고양이가 자전거나 차라도 되는 듯이 '한번 타 봐.' 하는 식이었다.

"네게 달려 있어, 엘리."

엄마가 말했다.

고양이를 다시 안는 것은 기분 좋은 일이었다. 하지만 익숙한 감정이 내 배를 쿡쿡 찔렀다. 혹시 내가 실수를 하는 거라면 어쩌지? 이 고양이에게 무슨 일이 생긴다면? 이 애가 차에 치이면 어쩌지? 만약 죽기라도 하면? 만약….

그때 고양이가 가르랑거리기 시작했다.

마음속의 의심이 순식간에 마법처럼 녹아 없어지고 따뜻한 덩어리가 내 가슴 가까이에 자리 잡았다.

"우리가 키울게요."

내가 말했다.

결국 난 상을 받은 건지도 모른다.

허셜은 원래 우리 가족이었던 것 같다. 그 애는 코너처럼 보이지 않아서 내가 새 이름을 지어 주었다. 나는 허셜이 어울린다고 생각한다. 그 애는 항상 하늘을 바라보니까. 창턱이 그 애가 가장 좋아하는 자리이다.

허셜은 자신만의 기이한 행동을 한다. 초인종이 울리면 주로 숨는다. 그리고 나방을 만나기만 하면 내리치려 한다. 밤에는 번갈아 가며 나와 엄마와 할아버지 사이에서 자 준다. 꼭 자기 사랑을 골고루 나누어 주는 듯이. 허셜은 정말로 먹는 걸 좋아한다. 그리고 그 애는 행복한 아이다.

일주일쯤 후에 내가 현관문으로 들어서자, 허셜은 곧바로 야옹거리기 시작했다. 늦은 시간이었고 저녁 먹을 시간이 다 되었다. 나는 라즈와 동네 공원에서 어울려 놀다가 노인들이 체스 두는 것을 보았다. 라즈는 스포츠캐스터처럼 그 동작들을 실황으로 중계했다. 노인들은 아주 좋아했고 몇 가지 조언도 해 주었다.

"알았어, 알았어. 먹을 걸 줄게."

나는 내 고양이에게 말했다.

허셜은 부엌으로 날 따라왔다. 집의 다른 곳은 조용했다. 엄마는 아직 학교에 있었고 할아버지는 아마 자고 있을 것이다. 오늘 아침에 머리가 아프다며 학교에서 집으로 돌아와 쉬고 있었다.

허셜은 끈질기게 식품 저장실 쪽으로 날 밀었다. 야옹거리는 소리가 점점 더 커졌다. 나는 먹이 깡통을 열어 숟가락으로 그릇에 퍼 주었다. 그때 무거운 발소리가 들렸다. 고개를 들어 보니 부엌으로 걸어 들어오는 대머리 아저씨가 보였다.

나는 너무 놀라서 소리를 지르며 대머리 아저씨에게 고양이 먹이 깡통을 던졌다.

"엘리, 나야!"

아저씨가 손을 휘저으며 소리쳤다.

그제야 나는 부엌 문가에 서 있는 사람이 우리 할아버지라는 걸 깨달았다!

이제 진짜 할아버지가 되었다.

흥미로운 결과

"어떻게 된 거예요?"

할아버지는 한숨을 내쉬었다.

"이걸 흥미로운 결과라고 할 수도 있겠구나."

"아홀로틀을 더 사용했어요?"

내가 할아버지에게 물었다.

할아버지는 조금 부끄러워하는 것 같았다.

"맹장 사건 이후로 참을 수가 없었어! 꼭 새 이를 가지고 싶었거든. 틀니는 끔찍해!"

"그런데 왜 그게 할아버지를 나이 들게 만들었어요? 이해가 안 되는…."

"초파리는 곰팡이 때문에 죽은 게 아니었어. 우리의 아흘로틀이 모든 것을 더 빨리 자라게 만들었던 거지."

나는 할아버지의 수염이 생각났다.

"초파리는 나이가 들어 죽은 거군요."

내가 천천히 말했다.

"맞아."

공포가 나를 휩쓸고 지나갔다.

"잠깐만요! 그럼 할아버지도 노화로 죽을 수 있다는 말이에요?"

"물론 그럴 거야."

할아버지는 얼굴 표정이 누그러졌다.

"언젠가는. 하지만 그렇게 빨리 될 것 같지는 않아."

"어떻게 아세요?"

"무엇보다 초파리는 그리 오래 살지 않아. 그 애들에게 일주일은 우리에게 20년이나 다름없지. 계산을 해 보면 적어도 팔십 대까지는 살 것 같아."

"지금은 몇 살인 것 같아요?"

"류머티즘 관절염이 없어. 무릎도 아프지 않고. 오십 대 후반쯤 되었을까."

"하지만 대머리잖아요!"

할아버지가 눈을 굴렸다.

"엘리, 나는 삼십 대부터 머리가 벗겨지기 시작했어. 대머리는 나이와 아무 상관이 없고 유전과 관계가 있지."

과학은 이상하다. 과학은 사람을 젊게 만들 수도 있다. 늙게 만들 수도 있다. 대머리로 만들 수도 있다.

차고 문이 덜덜거리며 열리고 엄마 차가 들어오는 소리가 들렸다. 일 분 후에 엄마가 피자를 들고 들어왔다.

"우리는 기록적인 시간에 무대 세트를 철거하고 가게에 들러 피자를 사서…."

할아버지를 본 엄마는 그대로 얼어 버렸다.

철썩하고 바닥에 떨어진 피자가 종이 상자 밖으로 나왔다.

"아빠! 다시 나이가 드신 거네요!"

"분명한 걸 굳이 지적해 줘서 고맙다."

할아버지가 바닥을 내려다보았다.

"무슨 피자야?"

"어, 채식주의자 피자요."

"큰 손실은 아니네."

할아버지는 그렇게 말하고 엄마 손에서 차 키를 가지고 걸어 나갔다.

"네 차 좀 빌리자."

"잠깐만요!"

엄마가 소리쳤다.

"어디로 가시는 거예요?"

"피자 하나 더 사려고. 페퍼로니가 든 진짜 피자."

문이 쾅 닫혔고 할아버지는 사라졌다.

엄마가 피자를 보고 날 보더니 고개를 저었다.

할아버지가 첫 번째로 한 일은 새 차 구입이었다.

아니, 낡은 차라고 해야 하나….

"어떻게 생각해? 아쿠아블루 1955년산 포드 선더버드야."

할아버지가 자랑스러운 목소리로 우리에게 말했다.

크고 둥글고 빨간 꼬리등이 달리고 바퀴에 하얀 테두리가 있는 연한 파란색 컨버터블이었다.

우리는 진입로에 서서 감탄했다.

"항상 원했던 거네요. 그렇죠?"

내가 물었다.

"에어백도 있어요?"

엄마가 물었다.

"이건 V-8 엔진이 달렸어!"

할아버지가 말했다.

"타. 일요일 드라이브 좀 하자."

고속 도로에 들어서자 할아버지가 속력을 높였다.

"이 녀석이 얼마나 빨리 가는지 보자."

할아버지는 눈을 빛내며 말했다.

"아빠, 천천히 가세요."

엄마가 말했다.

하지만 할아버지는 속력을 더 높였고, 우리는 고속 도로를 미친 듯이 달렸다. 우리가 휙 지나갈 때 사람들이 우리에게 손을 흔들어 주었다. 차는 눈에 확 띄었다.

어쩌면 너무 눈에 띄었는지도 모른다.

잠시 후에 사이렌 소리가 들렸다. 돌아보니 불빛을 깜박이는 경찰차가 보였다. 차를 한쪽에 세우자 경찰관이 운전석 쪽으로 걸어왔다.

"면허증 좀 보여 주세요."

할아버지는 말없이 면허증을 건넸다. 경찰관은 운전면허증을 보고 할아버지를 보았다.

"일흔일곱치고는 좋아 보이시네요, 사가스키 선생님."

경찰관이 말했다.

"좋은 유전자 덕분이죠."

할아버지가 말했다.

"선생님, 제한 속도가 80킬로미터인 도로에서 100킬로미터로 달리셨어요. 버스 전용 차선에서 말이죠."

"죄송합니다. 조금 흥분했던 것 같아요. 차를 이제 막 샀거든요."

할아버지가 설명했다.

경찰관이 차를 유심히 보았다.

"V-8 엔진, 맞죠?"

"아기 고양이처럼 가르랑거려요. 한번 타 보시겠어요?"

엄마가 머리를 쳤다.

이제 난 학교에서 집으로 올 때 버스를 타지 않는다. 할아버지가 빅 베티로 날 태우러 온다. 빅 베티는 할아버지가 차에 붙인 이름이다.

보통 우리는 집에 가는 길에 작은 샌드위치 가게에서 간식을 먹는다. 한 가지 변하지 않은 건 할아버지의 식욕이었다.

할아버지가 삼중 터키클럽과 미트볼 샌드위치와 클램 차우더 한 그릇과 코코넛 크림 파이 하나와 블랙커피를 다 먹을 때까지 나는 맞은편에 앉아 있었다.

"이 파이 맛있어."

할아버지가 접시를 내 쪽으로 밀었다.

"너도 먹어 봐!"

나이 든 사람으로 돌아간 할아버지는 훨씬 느긋해 보였다. 더 행복해 보였다.

"나이 드신 게 좋아요?"

내가 물었다.

"좋지."

할아버지가 어깨를 으쓱하고 말했다.

"솔직히 말해서 고등학교에 다니며 다시 대학 시험 치르는 걸 원하지는 않았거든."

"안녕, 엘리."

누군가가 인사했다.

돌아보니 배리모어 사서 선생님이 거기 서 있었다. 학교 밖에서 선생님을 보는 건 언제나 낯설다. 엄마도 선생님이지만.

배리모어 선생님의 눈이 할아버지에게로 옮겨 갔다.

"이분은 우리 할아버지, 사가스키 박사님이세요."

내가 말했다.

"할아버지, 이분은 배리모어 선생님이세요. 저희 학교 사서 선생님이세요."

할아버지가 일어나서 선생님과 악수를 했다.

"만나서 아주 반갑습니다. 손자 멜빈에게서 좋은 분이라는 말을 들었습니다."

"아, 그 애를 생각하곤 했어요. 잘 지내죠?"

엄마가 학교에 '조카'가 프레스노로 돌아갔다고 말해 두었다.

"어, 잘 지내고 있어요. 물어봐 주셔서 감사합니다."

"그 애가 여기 있었을 때가 그리워요."

할아버지가… 얼굴을 붉힌다?

"얼마 동안 여기에서 지내실 건가요?"

"아, 최근에 여기로 이사 왔어요."

할아버지가 내게 고개를 끄덕이며 말했다.

"엘리와 엘리 엄마와 가까이 지내려고요."

"잘됐네요. 그러면 자주 볼 수도 있겠네요."

"그럼요."

선생님이 할아버지 접시를 보았다.

"코코넛 크림 파이 어떤가요?"

"꼭 드시라고 추천하는 바입니다."

"먹어 볼게요. 이제 가 봐야겠어요. 약속이 있어서요. 엘리, 만나서 반가웠어."

나는 고개를 끄덕였다.

할아버지에게 선생님이 말했다.

"멜빈과 이야기 나누시게 되면 제 안부 잊지 말고 전해 주세요."

"그럴게요."

할아버지가 약속했다.

선생님이 떠나고 나자 할아버지가 내게 몸을 돌렸다. 얼굴이 조금 초록빛이었다.

"괜찮으세요?"

"소화제가 필요한 것 같아."

할아버지가 빈 접시를 내려다보았다.
"내 위도 나이가 든 모양이야."

혜성

학교 주차장은 물고기가 빠져나가려고 애를 쓰는 어항처럼 생겼다. 방과 후에 나는 라즈와 함께 앉아서 할아버지의 차를 기다렸다.

"토요일 밤에 하고 싶은 거 있어?"

내가 물었다.

"영화?"

나는 속으로 다른 걸 생각했다.

"혜성."

라즈가 눈썹을 치켜올렸다.

"혜성?"

나는 캐럴라인 허셜에게 완전히 빠져 있어서 혜성을 꼭 보고 싶다고 말했다.

"그래, 멋지겠다."

"좋아."

할아버지가 고개를 저으며 우리에게 걸어왔다.

"이곳에서는 사춘기 냄새가 난단 말이야."

할아버지는 라즈의 머리를 보고 눈을 크게 떴다.

"너, 머리카락을 파란색으로 염색한 거야?"

"마음에 드세요?"

라즈가 물었다.

"적어도 영원히 갈 건 아니겠지."

그렇게 말하고서 할아버지는 우리를 지나쳐 학교 안으로 들어갔다.

"잠깐만요! 어디를 가시는 거예요?"

내가 할아버지 뒤에서 소리쳤다.

"절 데리러 오신 줄 알았는데요."

할아버지가 책을 들어 올렸다. 『앵무새 죽이기』.

"도서관에 이걸 반납해야 해. 금방 올게."

"나도 달려가야겠어. 체스 두러."

라즈가 말했다.

그래서 나는 혼자가 되었다. 기다리는 동안 휴대 전화로 벤 아

아저씨가 만든 새 게임의 시험 버전을 해 보았다. 어젯밤에 아저씨가 보내 주었다. 여자 캐릭터가 아주 귀여웠는데 엄마랑 닮았다는 걸 모르려야 모를 수가 없었다.

　게임에 완전히 빠져 있다가 고개를 드니 30분이나 지나 있었다. 도서관에 책을 반납하는 데 얼마나 걸릴까?

　나는 할아버지에게 가 보기로 마음먹었다.

　도서관에 들어가 보니 할아버지는 배리모어 선생님과 책을 사이에 두고 탁자에 앉아 있었다. 선생님이 뭔가를 이야기했고 할아버지는 미소를 짓고 있었다.

　그건 좀 이상했다. 할아버지의 표정은 보통 심술궂어 보인다. 하지만 지금은 완전히 달랐다.

　미소가 할아버지 얼굴을 바꿔 놓았다.

"혜성 관찰은 어땠어?"

　빨래를 개면서 엄마가 물었다.

"하나도 못 봤어."

　혜성 보는 일은 조금 실망스러웠다. 알고 보니 혜성은 별하고는 달랐다. 혜성은 아주 드물었다. 어쩌다 한 번씩 나타나는 혜성을 보려면 딱 맞는 시간에 딱 맞는 장소에 있어야 한다. 그때에도 혜성을 알아보는 건 어려울지 모른다.

　엄마가 할아버지 셔츠를 하나 집어 들었다.

"음, 새 옷은 안 사도 되겠네."

엄마가 웃음을 터뜨리며 말했다.

"이미 노인 옷은 다 입고 다녔으니까."

"엄마 생각에는 할아버지가 앞으로 우리 빨래에 옷을 몰래 집어넣지 않고 따로 빨래를 할 거 같아?"

"그럴 거라고 생각해. 자신만의 집을 가질 테니까. 어젯밤에 내게 말씀하셨어."

"뭐? 할아버지가? 왜?"

엄마가 나를 바라보았다.

"벤이 삼 주 후에 우리 집에 들어와서 살 거야. 할아버지는 지금이 당신만의 침실을 가질 때라고 생각하셔."

나는 이걸 어떻게 생각해야 할지 알 수가 없었다.

"어디에서 살 건데?"

"이 근처에서 살고 싶다고 하셨어."

"할아버지랑 같이 살던 게 그리울 거야."

"난 안 그래. 거실을 되찾고 싶어."

내가 엄마를 보고 말했다.

"하지만 할아버지가 그리울 거야."

"애, 네가 원하면 언제든지 할아버지를 볼 수 있어."

엄마가 부드럽게 말했다.

"할아버지는 어른이야. 일을 혼자 해결할 때가 된 거지."

하지만 나는 궁금했다. 누구나 일을 혼자 해결하지 않나?

방 하나짜리 아파트였지만 할아버지는 아주 신이 났다.
"어쩌면 애완동물을 기를 수도 있겠어."
할아버지는 생각에 잠겨 말했다.
"고양이요?"
내가 물었다.
"쥐가 될지도 모르지. 쥐는 흥미로운 애완동물이야. 아주 영리하거든."
"전 아빠를 대학이나 다른 곳에 보내는 기분이에요."
엄마가 할아버지 짐을 싸면서 고백했다.

이사 가는 날 엄마의 승합차에 상자들을 싣고 할아버지의 새 아파트로 갔다. 그곳은 멋진 나무 바닥이 있는 밝은 곳이었다. 벽은 새로 칠해져 있었다. 할아버지는 기본 가구들을 이미 사 두었다. 소파와 커피 탁자와 식탁과 침대 세트.
"아빠, 정말 멋져요."
엄마가 둘러보며 말했다.

우리는 오후 내내 할아버지가 책장을 조립하고 짐을 푸는 걸 도왔다. 엄마는 할아버지가 청소용품을 하나도 사지 않았다는 걸 믿을 수 없어하며 할아버지를 위해 쇼핑을 갔다.

나는 할아버지의 로맨스 소설을 책장에 꽂았다. 할아버지는 그 옆에 결혼사진을 놓았다. 보기 좋았다.

"이제 뭐 할 거예요?"

내가 할아버지에게 물었다.

할아버지는 내가 할아버지의 인생에 대해 이야기한다는 걸 알았다.

"내가 다시 연구하는 일로 돌아가고 싶은지 잘 모르겠어. 가르치는 일을 해 볼까 생각 중이야."

할아버지가 털어놓았다.

"중학교요?"

"중학생을 가르치고 백만 달러를 받을 수는 없을걸."

그랬다.

"고등학교는 더 적당할지도 모르지."

"할아버지는 훌륭한 선생님이 될 거예요."

"넌 언제나 내 최고의 학생이야."

할아버지가 다정한 얼굴로 말했다.

나는 『불타는 모래밭』을 집어 들었다.

"이 책 빌려 가도 되나요?"

"물론이지. 사막의 족장과 달아날 생각 같은 건 배우지 말고."

할아버지는 방과 후에 날 데리러 올 때면 배리모어 선생님을 만나러 도서관에 들를 이유를 가져오는 것 같다. 선생님이 좋아

할 것 같은 책을 가지고 오거나 구식 박하 막대 사탕 한 봉지 같은 걸 들고 온다.

오늘은 산책하다 발견한 깃털을 가지고 왔다. 두 사람은 머리를 맞대고 조류에 관한 책을 열심히 들여다보면서 그 깃털을 알아내려고 애썼다. 그제야 나는 알았다. 할아버지가 선생님과 시시덕거린다는 것을.

할아버지는 차를 몰고 가면서 휘파람을 불었다.

우리 집 진입로로 들어설 때 내가 할아버지를 돌아보고 물었다.

"배리모어 선생님을 좋아하세요?"

"어, 으흠. 엘리노어는 좋은 사람이야."

"그러면 데이트 신청을 하셔야겠네요."

할아버지 얼굴이 하얗게 변했다.

"데이트? 그건 못 해."

"왜 못 하세요?"

"왜냐하면, 왜냐하면…."

할아버지가 말을 길게 끌었다.

"제게는 실험해 보는 것이 중요하다고 하셨잖아요."

"하지만 이건 달라."

할아버지가 우겼다.

"할아버지가 생각하는 것만큼 나쁘지 않을 수도 있어요. 저와 버섯처럼요."

"무슨 얘기를 하는 거야?"

"전 두 번째 먹었을 때까지 버섯을 싫어했어요. 하지만 세 번째는 양송이버섯이 들어 있는 채식주의자용 라자냐를 먹었는데 맛있더라고요."

"넌 지금 진지하게 내, 내… 인생을… 버섯에 비유하는 거야?"

나는 할아버지를 보면서 부드럽게 말했다.

"제 생각에 선생님도 할아버지를 좋아하세요."

할아버지가 운전대를 꽉 쥐었다.

"그게 잘 안되면 어쩌지?"

"하지만 잘되면요? 만약 배리모어 선생님이 혜성 같은 분이라면요?"

"혜성?"

할아버지가 어리둥절한 얼굴로 물었다.

"보기 드물어서요."

나는 말을 끊었다가 이어 말했다.

"항상 오는 게 아니라고요."

우리는 침묵 속에서 차에 앉아 있었다.

그러다 할아버지가 한숨을 내쉬었다.

"너도 알겠지만 넌 아주 현명한 아가씨로구나."

"할아버지를 닮았나 봐요."

나는 씩 웃으며 덧붙였다.
"우리 할아버지는 박사 학위가 두 개나 있거든요."

실험

배리모어 선생님은 할아버지와 점심을 먹겠다고 말했다.

하지만 큰 데이트가 있기 전날 할아버지가 겁에 질려 우리 집에 나타났다.

라즈와 나는 부엌 식탁에서 숙제를 하며 버섯과 시금치를 넣은 최근 키시 요리를 먹는 중이었다. 나는 두부와 조금 친해졌다. 그리고 이제까지 많은 일이 있었지만 우리 둘은 여전히 완벽하게 키시를 먹는 사람들이다.

우리는 할아버지가 왔다 갔다 하는 모습을 지켜보았다.

할아버지가 소리쳤다.

"긴장돼 죽겠어! 무슨 얘기를 하지? 마지막으로 데이트했던 때는 머리카락이라도 있었는데!"

"두 분은 보통 무슨 얘기를 하세요?"

라즈가 물었다.

"음, 최근에 우린 핀치에 대해 이야기했어."

"핀치가 뭐예요?"

내가 물었다.

"새 이름이야."

"그렇다면, 쉽네요. 새 이야기를 하세요."

라즈가 말했다.

"두 시간 동안 새 이야기만 할 수는 없잖아!"

할아버지가 바닥을 응시했다.

"이건 완전한 재앙이 될 거야."

나는 어른들마저도 데이트에 대해 긴장한다는 걸 알았다.

"좋은 생각이 있어요. 라즈와 나도 가면 어떨까요?"

할아버지가 어리둥절한 표정을 지었다.

"데이트에?"

"사람이 많으면 많을수록 긴장은 줄어들죠."

내가 설명했다.

"여럿이 있으면 더 쉬워요."

할아버지 얼굴이 밝아졌다.

"그래! 그거 멋진 생각이야. 고맙다."

내가 미소를 지었다.

"이제 한 가지 문제만 남았어."

"뭔데요?"

할아버지가 얼굴을 찌푸렸다.

"뭘 입어야 할지 당최 모르겠어."

결국 할아버지는 네이비블루 양복에 버건디* 나비넥타이를 했다.

"끝내주는데요."

라즈가 할아버지를 칭찬했다.

"너무 과하지 않아?"

할아버지가 불안한 듯 물었다.

"전 포켓스퀘어**가 맘에 들어요."

내가 말했다.

우리는 1950년대 식당으로 갔다. 식당 안으로 들어오는 배리모어 선생님의 모습을 보니, 애써 꾸민 게 확실했다. 선생님은 복고풍 드레스를 입었는데, 장식도 잘 어울렸다.

할아버지가 배리모어 선생님이 앉을 수 있게 의자를 빼 주었

---

* 진한 자주색
** 남성용 정장 윗옷의 가슴 부위에 달린 주머니에 꽂는 손수건

다. 구식이지만 달달했다.

"이곳에 와 보고 싶었는데."

배리모어 선생님이 주위를 둘러보며 말했다.

"햄버거를 아주 잘 만든다는 소문을 들어서."

"살짝만 익힌 걸로는 시키지 마세요."

라즈가 농담을 했다.

할아버지가 헛기침을 했다.

"아, 전 가르치는 일을 할까 생각 중이에요."

"정말이세요? 훌륭해요! 우리는 과학에 열광하는 분들의 가르침이 절대적으로 필요해요."

배리모어 선생님이 웃으며 말했다.

"할아버지는 박사 학위가 두 개예요."

내가 말했다.

"대단하네요! 몰랐어요."

할아버지 얼굴이 점점 더 빨개졌다. 대머리도 빨개지기 시작하는 것 같았다.

우리는 메뉴를 보았다.

"난 몰티드로 할래요. 초콜릿으로요."

내가 말했다.

"몰티드도 있어요?"

배리모어 선생님이 물었다.

"네, 있어요."

할아버지가 대답했다.

배리모어 선생님은 행복한 소리를 냈다.

"어렸을 때 이후로 몰티드를 못 먹어 봤어요. 우리가 가곤 했던 드라이브인 가게가 최고로 잘 만들었는데."

"드라이브인이 그리워요."

할아버지가 감회에 젖어 말했다.

"드라이브인이 뭐예요?"

라즈가 물었다.

배리모어 선생님과 할아버지는 둘만 아는 농담을 나누는 것처럼 웃다가 기진맥진했는데 진짜 그런 것 같았다. 브리애나와 나처럼. 이 두 노인은 둘 다 추억을 나눌 누군가가 그리웠던 거다.

할아버지가 숨을 참다가 설명했다.

"드라이브인은 야외 영화관이야. 차를 운전해 가서 거기에 주차하고 영화를 보곤 했지."

"차에서 영화를 본다고요? 그리 편할 것 같지 않은데요."

"아, 그건 정말 멋졌어!"

배리모어 선생님이 소리쳤다.

"뻥 뚫린 곳에서 영화를 보는 것보다 더 좋은 건 없어."

라즈가 날 보았다.

"옛날은 이상해."

21. 실험 **213**

배리모어 선생님과 할아버지는 우리를 무시했다.

"내가 지금 시대에 이해가 안되는 게 뭔지 아세요?"

할아버지가 선생님에게 물었다.

"좋은 음악이 없다는 거예요."

"저도 동감이에요. 더 이상 진짜 악기도 쓰지 않잖아요? 학생들이 제게 요즘에는 컴퓨터로 곡을 쓴다고 하더라고요."

두 분은 처음부터 서로 알고 지내던 것처럼 이야기했다.

그제야 나는 마법이 진짜 존재한다는 걸 알았다. 하지만 요정이나 마법이나 마법사와는 관계가 없다. 마법은 우연이고 기회이다. 그것은 예기치 못한 어떤 것이다. 페트리 접시의 곰팡이나 뚱뚱하고 가르랑거리는 오렌지색 고양이같이.

어쩌면 사랑도.

나는 할머니의 로맨스 소설을 읽는다. 로맨스 소설은 중독성이 있다. 왜 할머니가 로맨스 소설을 그렇게 좋아했는지 이제 알겠다.

하지만 누군가 책의 새로운 범주도 개발해 주었으면 좋겠다. 우정에 관해서. 우정에 관한 책들은 서점에 자기만의 영역을 가지고 있을 수도 있겠다. 판타지나 역사 분야처럼. 그걸 우정맨스나 우정 소설 같은 걸로 부를 수도 있다.

우정이 로맨스만큼 중요하기 때문이다. 누구나 친구와 안 좋은 날이 있을 수 있다. 친구와 바비큐 칩을 먹을 수도 있다. 학교에서 살아남기 위해 친구에게 의존할 수도 있다.

자연의 세계에서처럼 우정도 각기 다른 속과 종이 있다. 라즈처럼 가장 친한 친구가 있고 브리애나처럼 오래된 친구도 있다. 이 친구들 모두 중요하다. 유치원과 동물 모양 과자를 떠올리게 하는 사람이 있다는 건 좋은 일이다.

물론 분류를 거부하는 친구들도 있겠다. 할아버지처럼. 할아버지는 자신만의 새로운 종이 있다고 말할지도 모른다. 페이버릿 페르소누스*!

할아버지는 실패가 괜찮은 것이라고 가르쳐 주었다. 과학에서 실험이 중요하다는 것도.

그리고 인생에서도 그렇다.

그래서 나는 머리카락에 색을 넣으려고 미용실 의자에 앉아 있다. 여전히 파란색은 아니라고 생각하지만.

그래서 난 분홍색으로 했다.

* 가장 좋아하는 사람이란 뜻

작가의 말

우연한 발견과
약간의 마법

　나는 페니실린 이야기에 빠져 살았다. 어쩌면 그건 우리 아버지가 의사였기 때문일 것이다.

　하지만 과학자가 현대 세계의 길을 바꾸어 놓은 약을 우연히 개발했다는 이야기도 좋아했다. 멜빈의 말대로 흥미로운 결과 말이다! 알렉산더 플레밍과 내게 공통점이 많다는 것은 말할 것도 없고.(내 지저분한 책상을 보면 안다.)

　플레밍과 그의 '우연히 발견한 곰팡이'에 대해 파고들면 파고들수록 그 발견이 이야기의 시작일 뿐이라는 걸 알게 되었다. 알렉산더 플레밍은 1928년에 페니실리움 노타툼을 발견했지만 그것이 많은 다른 과학자들에 의해 실용적인 항생제로 쓰이기까지는 14년이라는 세월과 부단한 노력이 필요했다. 페니실린은

런던의 과학박물관에 전시된 플레밍의 '곰팡이'

1942년이 되어서야 환자 치료에 성공적으로 사용되었다. 알렉산더 플레밍은 하워드 플로리, 어니스트 체인과 더불어 노벨 생리·의학상을 공동 수상했다. 플레밍의 '곰팡이'는 지금도 영국 런던의 과학박물관에서 표본을 찾아볼 수 있다.

어쩌면 페니실린의 진짜 교훈은 삶에서도 성공이란 부단한 노력, 실패 그리고 심지어 약간의 마법이 합해진 작품이라는 데 있는지도 모른다.

그러니 과학자같이 모험적이 되기를. 새로운 것을 시도해 보기를. 실수하는 걸 두려워하지 말기를. 그것이 발견의 과정이니까.

그리고 항상 주변에서 예기치 못한 것을 찾아보기 바란다.

멜리의 과학자 갤러리

● **제임스 캐럴** 1854-1907 **과 제시 라지어** 1866-1900

캐럴의 출생지 영국 잉글랜드 울리치

라지어의 출생지 미국 메릴랜드 볼티모어

과학적 관심 세균학, 바이러스학

주목할 만한 업적 황열병은 치명적인 질병이었다. 캐럴과 라지어는 미군 황열병 위원회의 담당 의사였는데, 그 위원회에서는 황열병을 연구했다. 모기 이론으로 알려진 가설은 황열병이 모기에 의해 전염된다는 것이었다. 캐럴과 라지어는 자발적으로 감염된 모기에 물려 황열병에 걸렸다. 캐럴은 회복이 되었지만 심장이 심하게 손상되었다. 라지어는 황열병으로 숨졌다.
발견 모기가 황열병을 옮긴다는 것
캐럴의 말 "사 일 후에 나는 열이 났다. 그리고 그다음 날 나는 황열병 환자로 격리 막사로 옮겨졌다."
라지어의 말 "나는 진짜 세균의 경로를 따라가고 있다."

● **알렉산더 플레밍** 1881-1955

출생지 스코틀랜드 에어셔
어린 시절 플레밍의 부모는 농부였고 플레밍은 자연의 세계를 즐겼다.
과학적 관심 세균학, 면역학
주목할 만한 업적 플레밍은 첫 번째 항생제인 페니실린을 발견했다. 플레밍은 페트리 접시에서 박테리아의 성장을 막은 곰팡이를 발견했다. 처음에는 그것을 '곰팡이액'이라

고 불렀다. 플레밍은 페니실린의 발견과 개발로 노벨 생리·의학상을 수상했다.

발견 페니실린

플레밍의 말 "내가 세계의 첫 항생제, 혹은 박테리아 킬러를 발견함으로써 의학의 혁명을 미리 계획한 것은 절대 아니었다. 하지만 그것이 내가 정말로 한 일이었다고 생각한다."

● **캐럴라인 허셜** 1750-1848

출생지 독일 하노버

어린 시절 캐럴라인은 가수였고 오빠 윌리엄은 음악가였다. 둘은 종종 같이 작업을 했다.

과학적 관심 천문학

주목할 만한 업적 캐럴라인은 1772년 독일을 떠나 영국으로 가서 천문학자인 오빠 윌리엄을 돕는 것으로 일을 시작했다. 캐럴라인은 혜성을 발견한 첫 번째 여성이 되었다. 그리고 월급을 받는 첫 번째 여성 전문 천문학자였다. 왕립 천문학회에서 금메달을 수상했다.

발견 혜성(별과 성운의 목록도 작성)

캐럴라인의 말 "오늘 저녁에 나는 내일이면 혜성이라고 증명할 수 있는 물체를 보았다."

● **윌리엄 허셜** 1738-1822

출생지 독일 하노버
어린 시절 윌리엄은 음악가의 아들이었고 오보에, 하프시코드, 바이올린, 오르간을 연주할 수 있었다.
과학적 관심 천문학
주목할 만한 업적 윌리엄은 영국으로 옮겨 간 후 하늘을 보기 위해 자신만의 망원경을 만들었다. 그리고 천왕성을 발견했다. 이 발견 덕분에 조지 3세에게 기사 작위를 받고 궁정 천문학자로 임명되었다. 여동생 캐럴라인의 도움을 받아 2,500개가 넘는 성운과 별 무리를 목록으로 만들었다.
발견 천왕성
윌리엄의 말 "나는 나보다 먼저 산 어떤 인간보다도 더 멀리 하늘을 보았다. 빛이 지구에 닿기까지 200만 년이 걸린다고 증명된 별들을 관측했다.

● **안톤 판 레이우엔훅** 1632-1723

출생지 네덜란드 델프트

어린 시절 판 레이우엔훅은 힘든 어린 시절을 보냈다. 아주 어렸을 때 아버지가 돌아가셔서 학교에서 지냈다.

과학적 관심 미생물학, 현미경 사용법

주목할 만한 업적 미생물학의 아버지로 알려진 판 레이우엔훅은 현미경으로 세상을 본 첫 번째 사람이었다. 레이우엔훅은 강력한 현미경을 만들어서 자신이 '미소 동물'이라고 명명한 박테리아와 같은 미생물을 관찰했다.

발견 미생물 속 세상

레이우엔훅의 말 "놀라운 것을 발견할 때마다 나는 내 발견을 종이에 적어서 독창적인 모든 사람에게 그 사실을 알리는 것이 내 의무라고 생각했다."

● **칼 폰 린네** 1707-1788

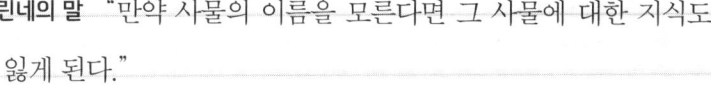

출생지 스웨덴 라슐트
어린 시절 린네는 공부보다는 식물을 보는 걸 더 좋아했다.
과학적 관심 식물학, 동물학
주목할 만한 업적 린네는 자연 세계를 알아보고 분류하는 공식적인 체계를 만들었으며 단일한 명명법을 만들었다.
발견 명명법(두 개의 이름으로 된 분류 체계)
린네의 말 "만약 사물의 이름을 모른다면 그 사물에 대한 지식도 잃게 된다."

세 번째 버섯

초판 1쇄 인쇄 2019년 2월 10일
초판 1쇄 발행 2019년 2월 20일

글 제니퍼 흘름
옮김 김경미

디자인 박재원

펴낸이 김경희
펴낸곳 도서출판 다산기획
등록 제1993-000103호
주소 (04038) 서울 마포구 양화로 100 임오빌딩 502호
전화 02-337-0764 전송 02-337-0765
ISBN 978-89-7938-125-2 73840

Korean Translation Copyright © 2019 by DASAN Publishers House, Seoul, Korea
※ 잘못 만들어진 책은 바꿔 드립니다.